トップ1%が大切にしている仕事の超キホン

一生使える「段取り」の教科書

How to plan and do

鳥原隆志
Takashi Torihara

大和出版

はじめに

あなたの仕事の進め方が劇的に変わる!

「仕事は段取り8割」という言葉がありますが、私は信じていませんでした。

なぜなら自分は本番に強いと信じ込んでいたからです。

でも結果的に本番でなんとかなるという考え方が、私の貴重な時間と信頼をミスという形で奪っているのに気づいたのは30代になってからでした。

朝から晩まで仕事をしているのに、すべて中途半端に終わったり、正論を主張しているのにみんなに受け入れられなかったりと苦しい時代でした。

そんな私の仕事の仕方が変わったのは「インバスケット」というツールに出会ってからでした。

インバスケットとは仕事のシミュレーションツールです。架空の立場になり、限られた時間の中で多くの案件を処理していくゲームです。ゲームを通じて仕事の進め方からその内容、また仕事への姿勢までが明らかになります。

このインバスケットに初めて挑戦したときに、自分の書いた処理内容に衝撃を受けました。

例えば、仕事の進め方については、時間配分を考えなかったのがいけなかったのか、前半の案件は細かい部分まで処理をしていましたが、後半になると時間に追われて大雑把になり、最後には途中で終わってしまっている始末。

また仕事を抱え込んでしまい、ほとんどの仕事を先送りにしてしまっていました。トラブルが起きても、火消しに躍起になり、肝心の原因究明や再発防止などはまったくなし、まさに臭いものにふたをする姿勢が明らかになっていました。

とてつもなく段取りが悪く、そして表面的な自分の仕事ぶりにショックを受けたのです。

なんとなく段取りが悪いのではないかと、うすうす気づいていたことを具体的に受け入れざるをえない状況になり、そこからどうすれば多くの仕事を精度高く結果を残せるように処理できるのか？　という研究が始まりました。

はじめは「頑張り」で乗り越えようとしました。

次にテクニックで乗り越えようとしました。

しかし結果的にどちらも失敗で、もがけばもがくほど仕事が仕事を生む状態に変わりました。

そしてようやく答えを見つけました。サクサクと仕事を進め、ラクラクと結果を残す段取り術です。サクサク、ラクラク、ダンドリで、私はこれを「仕事のサラダ」と呼んでいます。

本書では、「段取り」を、一般的にいわれる順序や手順の決め方、そのためのスケジュールの立て方や手帳の使い方などのスキルではなく、「**限られた時間の中で結果を残せる仕事そのものへの考え方**」として紹介しています。

具体的には優先順位のつけ方や、ラクに結果が出る仕組みづくり、障害が発生しないようにする根回しなどを説いていきます。

誰にでもいまからすぐできることばかりです。いわば仕事の基本といってもいいでしょう。

本書はあなたがサクサクとラクラク結果を残せる仕事ができるように、その方法を1冊にまとめました。

この本に書いてあることは著者である私自身が実践していることであり、私はこのおかげでいまは二つの会社を経営し、著者として年間5冊以上の本を書き、年間50回以上の講演をしています。もちろん、週休は2日取り、ほぼ定時に帰宅しています。

あなたにもぜひ本書で「仕事のサラダ」を実践し、あなた自身が本当にやりたいことを実現していただきたいと考えています。

いい仕事は見ていてとても気持ちがいいです。

スピーディーで無駄な動きがなく、安定した結果を出し続け、結果の精度も高い、そんな洗練された仕事をぜひ目指してください。

本書を読んでいただきたい人は以下の通りです。

- □ **仕事のミスを少なくしたい人**
- □ **仕事を減らしたい人**
- □ **無用なトラブルに巻き込まれたくない人**
- □ **自分の仕事にさらに洗練さを追加したい人**

ちなみに本書は「読むだけで仕事が2倍処理できるテクニック本」の類ではありません。ごく当たり前の仕事の進め方を解説しています。

私は、以前に、本書の姉妹書とでもいうべき『一生使える「仕事の基本」』を書いていますが、この本が多くの方からご支持をいただいたのは「基本中の基本だけれど、なかなかできない」と自覚されている方が多いからだと思っています。

ですからベテランと呼ばれる方にもぜひお読みいただき、いまのご自身の仕事の進め方が**我流になっていないか、基本を忘れていないか**を振り返っていただきたいと思っています。

本書はストーリー形式になっていますのでラクラク理解できます。また解説も最低限に抑えていますからサクサク読めると思います。

読むだけではなく、気づいたことを書き込んだり、下線を引っ張るなど、より効果的な読み方で、段取りを身につけてください。

本書があなたの仕事の進め方を劇的に変えるきっかけになることを望んでいます。

一生使える「段取り」の教科書　目次

第3章 大事な仕事に集中する「仕組み」をつくろう

——B象限を最優先する法

第5章

段取りで未来をつくる
――やりたいことを実現していく秘訣

本文デザイン　齋藤知恵子（sacco）
イラスト・図版　瀬川尚志
DTP　青木佐和子

PROLOGUE

「緑川君、ブログを始める」

これからあなたに段取りの基本をお伝えします。

まずは頑張っているけれど結果が出ない緑川君の日常を通して、段取りについて身につけていきましょう。

あなた自身も緑川君のような仕事の進め方がないか、ご自身にあてはめながらストーリーを読んでいってください。


皆さん、こんにちは。僕は……緑川といいます。

ブログでは「みどりん」と呼んでください。


まず自己紹介です。

27歳、独身です。大学を卒業して、いま、音響機器の専門商社で営業をしています。実は大学を卒業して初めて入社したのは、別の文具メーカーの営業でしたが、頑張りすぎて2年目には燃え尽きてしまいました。

そして1年間、自分を探す旅に出ていましたが、財政が悪化し、大学の先輩の紹介でいまの会社に入りました。

自分に営業が合っているのかわかりませんが、とにかく、すべてに全力投球すればどんな壁でもぶちやぶれると信じて毎日仕事をしています。

家族構成です。

僕には父と母と妹がいます。

父はすし職人です。厳しい人で、僕は文具のメーカーをやめたあと、店の手伝いをしましたが、2日で逃亡し、それが放浪の1年間の始まりになりました。

母は優しい人でした。父に叱られた僕をいつもかばってくれました。母には感謝です。

僕の趣味は……最近マンホールのふたのデザインコレクションにはまっています。最初、テレビで見かけたときはどこがいいのかわからなかったのですが、緑川家の家紋に似ているふたが近くにあったことから関心がわき、画像を撮り集めています。現在217枚です。

これもいつか分類してアップしようと思います。

このブログを書くきっかけですが、実は悩みがあります。

どうも仕事がうまくいかないのです。この1年で自分が周りに認められなかったら、もう一度頑張って父のすし屋でも継ごうかと思っています。

何かの本に、自分が決めたことを他人に発信すると実現すると書いてありましたので、皆さんには僕の変革をぜひご覧いただき、時には厳しく、時には優しく、コメントください。

よろしくお願いします。

第1章

頑張ることだけが仕事ではない

――段取り思考の必要性

1-1 頑張ればいいってものじゃない

緑川君、タクシーの中で気づく

緑川君は上司である課長と同僚と一緒にタクシーに乗って取引先に向かっている。

「緑川、資料は大丈夫だな」

「はい、提案書を私たちと先方分で5部持ってきています」

「5部？　いやいや、1名先方が増えたと言ったじゃないか」

緑川君は慌てて言う。

「え、そうでしたか。私は5部で足りるかと……。ではコンビニでコピーしてきます」

「そんな時間ないだろう」

そのときに同僚の青柳君が言った。

「大丈夫です。私が予備を持っていますので」

「さすがだな、青柳」

課長は満足そうに言って、思い出したかのように今度は緑川君に向かって言った。

「それと、もちろん、当社の会社案内は持ってきているよな」

「え……それは聞いていませんので持ってきていません」

「何、君は営業だろう。なぜいつも持っていないんだ」

そのときに同僚の青柳君がまた言った。

「課長大丈夫です。私が持っています」

緑川君はむっとして言う。

「課長大丈夫です。そんなものなくても私が会社紹介をこの口で伝えられます」

課長の視線は冷ややかだった。

「青柳君は段取りがいいなあ」

「え？　どうして。僕のほうが頑張っているのに」

段取りは「頑張ろうと思わない」こと

「段取りがよい」と褒められると嬉しいと思いませんか？

一方で必死に汗をかいて頑張っているのに評価されないのは悔しいですよね。この差はなんなのでしょうか？


実は「段取り思考」があるのか、ないのかの差です。

段取り思考とは「バタバタせずにスムーズに仕事を進めるにはどうするか」と考える思考をいいます。

この思考がある方は、仕事がスムーズに進み、トラブルやミスにも遭遇しにくくなり、周りから見ても「仕事ができる人」と評価されます。

逆にこの思考がないと、ぶっつけ本番型となり、ミスが出やすく、かつバタバタしているので、たとえ正しいことをしていても、頑張っていても「仕事ができない人」と評価されてしまうわけです。

つまり**「段取り思考」を持つことが仕事ができる人**の前提といえるのです。

さて、本書ではその段取りについて一緒に学んでいくわけですが、そもそも段取りとは何かをお話ししていきましょう。

段取りという言葉の語源は諸説ありますが、宮大工用語で石畳みの階段をつくる際に一段の高さと個数を決めることを「段を取る」といったそうです。また歌舞伎の世界でも演目を決めたり、展開の計画をつくるという語源だという説もあります。

これらの説に共通しているのは、段取りとは「事前の準備」であるということです。

ある若い社員に会議の準備を依頼したときのことです。

「段取りって何ですか」

と思わぬ質問を受けました。

そうか私の若いころには上司から連発された「段取りが悪い」という言葉も、死語になりつつあるのか？　と驚きました。

「**段取りって仕事がスムーズに進むように事前に準備する**ことだよ」

と説明すると、さらにこの社員は驚いたことをあっけらかんと言いました。

「準備しても必要ないこともあるかもしれないから、逆に手間じゃないですか」

なるほど、いまは情報もスマホやタブレットがあればすぐに手に入るし、生産性という言葉のもと、必要ないかもしれない準備は〝手間〟ということになるのかと感じました。

でも、この考え方には決定的な落とし穴があります。**その場で頑張ろうという考え方は、致命的なミスを招きやすい非論理的な考え方**だということです。

例えば、旅行に出かける前日にこう考えたとします。

「明日の朝は、たくさんやることがあるなあ……。明日は頑張らなきゃ！」

実はこの考え方には潜在的なリスクがあります。

例えば、寝坊するリスクもありますし、起きると体調がよくないということもありえます。

急な電話が入ってきて時間がなくなるということもあるかもしれません。

ですから「頑張れば大丈夫」と考えるよりも、**起きうるリスクを考えて前もって準備をしておく**ことのほうが賢いというわけです。

そこで段取り思考を使うとこう考えるわけです。

「明日の朝、ラクに出発するには、どうしたらよいのだろう？」

この思考があれば、前日のうちにしておくべきことに気づきます。

例えば、着ていく服を用意しておいたり、靴を出しておいたり、忘れ物がないようにチェックリストをつくったりしておくことで、当日にミスなく、そしてバタバタすることなく出発できるというわけです。

あなたが段取りをよくするには、まず考え方を少し変えてみてください。

「頑張ろう」と考えないこと。正しくは「**頑張らないように頑張る**」と考えます。

段取り力を上げるには、頑張りどころを少し変えてみてほしいのです。

結果を出す人へのステップ 1

頑張らないように頑張る

1-2 段取りで、仕事はサクサク、ラクラク

——仕事のサラダ

緑川君、ブログで愚痴る

こんにちは。みどりんです。

実は今日もへこんでいます。

うちの上司にコテンパンに怒られました。

詳しくは書けませんが、今日の会議の準備をしてるときのことです。

部内の会議の準備を指示されて、一人で机を動かし椅子を配置し、資料を配布しました。

プロジェクターとパソコンも設定し、キチンと映るかもチェックして、準備は万全

でした。

ところが開始10分前になって、同僚のS君が自分のパソコンで投影したいと言いだし、さらに同僚のT君は資料の差し替えを言ってきました。

その結果、プロジェクターがうまく投影しなくなり、専門家を呼びに行ったり、配ってあった資料をいったん回収したりバタバタしました。

結局、資料配布が遅れて会議の開始も10分遅れてしまいました。汗が首を伝っていくのがわかる忙しさ……。

そこに課長から一喝。

「段取りが悪すぎる」


読者の皆さんには理解してもらえると思いますが、僕は僕なりに頑張っています。

そもそも僕は一つのことをコツコツと仕事するタイプで、ライバルのAと違って、あれこれ目配りが必要な準備や進行といった段取りの才能はもともとないのです。

わが上司にも人を見る目を養っていただきたいものです。

さあ、録画したテレビを見て寝よう。

みどりんでした。

「ダラダラ」「バタバタ」から脱する方法

健康を維持するために皆さんはどのようなことに気をつけていますか？

私は毎朝ジョギングをしたり、なるべく歩くようにしています。

また、食事は外食が多いので「サラダ」を食べるようにしています。

サラダが健康によいかどうかはわかりませんが、最初にサラダを食べるとあとの食事もおいしくなるような気がします。

仕事でも、サラダは必要です。「仕事のサラダ」とは、「はじめに」でもふれましたが、

「サクサク」
「ラクラク」
「ダンドリ」
この3つの頭文字を取ったものです。

「**サクサク**」仕事を進めるには、優先順位をつけることが必要です。たくさんの仕事を限られた時間に押し込むのは、容量がいっぱいのパソコンを動かすように無理があります。

「**ラクラク**」仕事を進めるには、効率化したり仕組みをつくったりすることが必要です。

同じ作業が重複しないよう、手順書をつくり仕事のムラがないようにします。

そして、この二つを実践するために「**ダンドリ**」をつけます。本番でなんとかしようという考えではなく、事前にできることはやっておく。つまり仕事の先回りをすることが大事です。

サラダを摂らずに本番に臨むのは、食事の際にいきなり揚げ物をガツガツ食べるようなものです。

段取り力は資質ではありません。

その方が持っている仕事のイメージの問題です。

「段取り」という言葉の明確なイメージを持っていないので、緑川君のように段取り力はないだとか資質問題という思考に陥ってしまうのです。

仕事をサクサク、ラクラク進めるにはどうするのか？

こう考えるとやるべきことが浮かんできます。

先ほどの緑川君のケース、会議の準備でいうと、メンバー間の情報共有や事前の確認をすることも、またチェックリストをつくっておくこともできるでしょう。

例えば、会議出席者に対して会議の進め方を共有しておくことで、各自のパソコンから投影することはできないとあらかじめ出席者に知らせることもできます。

また、追加資料も会議の開始1時間前までに受けつけ、そこから会議資料の印刷やセットを開始することをルールとしておけば、急に追加資料が発生しないわけです。もし開始1時間を切って追加資料が発生した場合は、各自で用意する旨を伝えておけばバタバタしなくてすむでしょう。

このようにいかにサラダ的な仕事にするか考えることが大事なのです。

これに対して「頑張れば大丈夫」「コツコツやればなんとかなる」という思考には、段取りはなく、「ダラダラ」「バタバタ」という仕事のイメージにつながります。

「サクサク」と仕事が進み、「ラクラク」仕事ができるのは楽しいもの。「ダンドリ」はそのための事前準備です。

結果を出す人へのステップ2

仕事を段取りよく進めるには「サクサク、ラクラク、ダンドリ」の考え方が大切

1-3 〃段取り思考〃が時間を生み出す

緑川君、トップになる

緑川君は課長と面談をしている。

「緑川、君はトップだ」

緑川君は課長の険しい表情から、よいトップではないことを察知し、神妙にうなずいている。

「社内で残業時間トップは何度目だ。君はわが社が進めている働き方改革を忘れたのか」

緑川君は頭を下げながら言った。

「申し訳ありません。先月は繁忙期でして」

「何が繁忙期だ。じゃあ、今月は大丈夫なのか」

「いえ、今月も注文が多くて、あと社内プロジェクトもいくつかありまして」

「君は目標は達成していないのに、残業だけは多い。働き方を変えてもらわないと困る」

緑川君は苦笑いしながら言った。

「僕自身は変えようと思っているんですが、なんせ客商売でして。クライアントからの問い合わせはコントロールできません。あと、後輩からの相談も多いのに加えて、先輩から仕事を振られ、気がつくと暗くなっています」

課長は目をつぶって腕組みしながら聞いている。

「……そこからメールを開けると、3ページ先くらいまで未開封のメールが溜まり、期限まぢかの報告書が机にあり、他部署からよくわからない電話がかかって……」

「だから残業なのか？」

「ええ、まったく時間が足りません。僕もライブやサッカー観戦などプライベートを大事にしたいと思うのですが」

「だからこそ仕事の仕方を変えないといけないと思わないか」

「仕事は減りません。むしろ防ぎようがないといったほうがいいでしょう。ということで、今週の土曜日午後だけ出てきていいですか」

緑川君は休日出勤申請書を課長の前に差し出した。

「あのなあ、君はこの面談をなんの面談だと思っているんだ」

8割を削って2割に集中せよ

いま、時代は労働時間削減の方向に流れています。

どの企業でも残業削減、私がいま書いている本の世界でも「スピード○○術」だとか「効率のよい仕事術」といったビジネス書が書店で幅を利かせています。

しかし、段取りをつけるということは「仕事の速度を2倍にする」だとか、「業務量を2倍こなす」という技術ではありません。

むしろ**8割の無駄を取り除き、2割の大事な部分に集中する**という技術です。

先ほどの緑川君のケースを読まれて「自分はそこまでレベルは低くない」と思われた方もいるかもしれません。しかし、多くの管理者の方やベテランといわれる方でもやりがちなことではないでしょうか。

会議の時間で多くを語りすぎ、肝心なことがぼやけてしまっている方もいれば、雑務に追われて本来やるべきことができていない方も多いものです。

このときによく聞く嘆きが「時間が足りない」です。

しかし、**時間は増えることはありません**。だから時間が足りないという考え方ではなく、無駄を取り除き大事な部分に集中することが大事なのです。

商談であれば、商談に時間を集中させるためにまずどのようなことをするべきかを洗い出し、そのうえで限られた時間をできるだけ大事な部分に集中させるために、無駄を取り除くという行動が必要です。

例えば、会社案内や商品説明を先に郵送しておけば、確認してもらうこともできるかもしれません。

私も、自社のインバスケットについてあらかじめ知っていただくために、自分の書いた本を先方に送ることがあります。そうすれば「インバスケットとは?」から入る時間は大幅に削減できます。

お客様のニーズなども前もって聞いておきます。そうすると持っていく資料も少なくすみますし、ストーリーをあらかじめつくれます。

結果を出す人へのステップ 3

どうすれば時間を短縮できるかを考える

つまり段取りをつけるということは「どうすれば多くの仕事を時間内にできるのか」という仕事のスピードアップを目指すものではなく、**どうすれば無駄を省いて時間を生み出すことができるのか**と考えることなのです。

いままで段取りをつけることができなかった方も、このように考えると自然と段取り上手になることができるのです。

第2章

本当にしなければならないのは2割

——優先順位と取捨選択

2-1 仕事の全体感を持つ

緑川君、資格試験に挑戦する

今日は緑川君の資格試験日。
この資格は社内での昇格試験に相当するもので年に1回行われている。
ライバルの青柳君も一つ向こうのテーブルにさわやかに座っている。
今日の緑川君は燃えている。さらにライバルの姿を見て闘志を燃やしている。
この日のために緑川君は多大な時間とパワーを費やして勉強してきたのだ。
試験官が告げる。
「では試験時間は60分です。10分前にお知らせしますので頑張ってください」
緑川君は開始の合図とともに問題を開き、心の中でガッツポーズをした。

勉強したところがドンピシャで設問になっている。しかも選択肢式だ。これならサクサク進めることができる。

慎重に慎重を重ねて、回答を書いていく。いまのところパーフェクトだ。

「残り10分です」

緑川君は最後のページを残すだけで余裕の表情だ。青柳君はいつもより焦っているようだ。

最後のページを見て緑川君は唖然《あぜん》とした。

最後の設問「以下のケースからあなたが考える対応策を400文字以内で回答せよ」

「え……うそ……」

しかも配点は100点中50点になっている。

慌ててケースを読むが頭に入らない。そして試験官の声が聞こえた。

「では時間終了です。解答用紙を前に回してください」

緑川君は茫然《ぼうぜん》と試験会場を後にした。

木を見て森を見る

右の見出しを見て、あれ間違い？　と感じられた方もいらっしゃるでしょう。

確かに一般的には「木を見て森を見ず」という言い方をします。でもダンドリの世界では「木を見て森を見る」なのです。この言葉の意味は、部分的なところを大事にしつつ、全体を気にする、ということです。

仕事をサクサク進めるには個々の仕事を片づけつつ、全体がどうなっているかを常に考えなければなりません。

この全体を気にするということを「全体感を持つ」といいます。なぜなら全体感がないと、優先順位もつけられませんし、この先に起きるリスクも考えることができないからです。

ではこれから皆さんに、ある計算問題に挑戦をしていただきます。

次のページの問題を1分で暗算で行ってください。あなたが回答した数字が大きけ

以下の計算式を“暗算”で１分以内に計算してください。
ただし、回答した数字がそのままあなたのポイントとなります。
例えば、1+1＝という問題に正解した場合のあなたのスコアは２ポイントです。
それではスタートしてください。

㋐ 5＋9＋2＋1＝

㋑ 5＋11＝

㋒ 9＋4＋3＋2＝

㋓ 9＋2＋1＝

㋔ 8＋2＋2＋1＝

㋕ 29＋5＋21＋2＝

㋖ 1＋2＋1＝

㋗ 2＋5＝

㋘ 2＋5＋4＋8＝

㋙ 3＋1＋9＝

㋚ 5＋50＋1＋2＝

㋛ 9＋2＝

㋜ 9＋52＋11＋5＋22＝

㋝ 9＋5＋2＋1＝

㋞ 9＋2＋3＝

㋟ 5＋9＋1＝

㋠ 3＋1＋5＝

㋡ 4＋18＋25＋22＝

㋢ 2＋1＋32＋24＋19＝

㋣ 1＋19＋25＋36＝

㋤ 4＋5＋1＝

㋥ 19＋5＋21＋3＝

㋦ 9＋2＋5＋4＋4＝

㋧ ㋢＋㋜＝

㋐から㋧までの回答を加算します。

あなたのスコアは、合計　　　　　ポイントです。

れば大きいほどよい結果です。

いかがでしたでしょうか。

気づかれているかもしれませんが、実は最後の三つの設問を答えればハイスコアが出ます。簡単なものから答えたり、最初から順番に答えているとスコアが高くなりません。

ここでお伝えしたかったのは、サクサク仕事を進めるためには、まず全体がどうなっているかを気にしていただきたいということです。

私たちは、多くの仕事を抱えたり、時間が足りなくなったりすると、視野が狭くなる傾向があります。いわゆる目の前しか見えなくなる状態です。

こうなってしまうと、最初はサクサク仕事を進めていたとしても、すぐに時間に追われて、バタバタしだし、嫌な汗がダラダラ出だすわけです。

だからこそ、**サクサク仕事を進めるには常に全体を気にする**ことです。

いまの作業が全体の中でどのような位置づけなのかを知ることなのです。

私自身も、原稿を書いているときは、どうしても集中して視野が狭くなってしまいます。そのようなときはチェックリストを使います。

視野が狭くなっているかどうかを測るチェックリストです。

□いま書いている文章は何章の何項か理解している

□この本のタイトルを覚えている

□この本の目的やコンセプトを理解している

これが頭にすぐ浮かんでこないときにはいったん休止して、頭の再起動をします。

そうしないと、本のコンセプトからずれたり、同じ内容を再度書いてしまうことになり、結局書き直しに労力を使ってしまうようなことになります。

そもそもそうならないように私は最近書き方を変えています。

まず各項を粗くサクサク書いて、そのあとにやすりをかけるように丁寧に書き直していきます。このスタイルは仕事にも応用しています。

例えばパワーポイントをつくるにあたり、まずは下書きでスライドごとに要点を書き込んで、そこから加筆したり、見やすくレイアウトしたり、加工します。そうすると、全体感を持った仕事ができるのです。

まとめますと、忙しいときにこそ全体を確認し工程を進めることが、一番サクサクと仕事を進めるコツなのです。

結果を出す人へのステップ **4**

「仕事サクサク」の基本は全体感

2-2 リスト化するメリット

多忙なのか？　緑川君

課長が緑川君に催促した。

「おい、緑川、先月の白鷹商事のイベント結果の報告はいつできるんだ」

「はい、いまちょっと立て込んでいまして、来月には」

「来月……まあ、いい。じゃあ、頼んでいた商品別の分析結果はできているんだろうな」

「ですから、いま立て込んでいまして、急ぎでやりますが」

課長の顔が曇ってきた。

「何が立て込んでいるんだ。……まさかと思うが、杉の子物産への提案書は送っていないということはないよな」

「恐れながら、いま緊急の案件が多くて、落ち着いたら送ります」

「いい加減にしろ。いったいいなんの仕事が溜まっているんだ」

「えっと、いまおっしゃった3件の仕事と、ああ、そうだった、大塚不動産の請求書を本日作成します。それから、総務部から先日の九州出張の……」

「緑川……お前、自分が何をしなければならないかわかっているか」

「はい、仕事がありすぎてはっきりとわかりません。わかっていることは多忙であるということでして……」

「そんなことだから、いつも〝忙しい〟と走り回っているんだろう。もういい、別の人間に頼む。おい、青柳……」

「あ、あれ課長……怒ってらっしゃいます？　まいったな」

仕事を見える化する

見えないものを図や表で表現し、目で確認できるようにすることを「見える化」といいます。

普段は見えないものを見えるようにするだけで、画期的な変化をもたらすことがあります。

見える化の発祥はあのトヨタ自動車といわれています。生産ラインで異常を知らせるランプを設置し、その色によってどんな異常が起きているのかみんながわかるという手法でした。

見える化はいろんな状況で取り入れられていますが、**仕事の進め方や時間の使い方に活用する**ととても効果的です。

例えば仕事の全体量や時間などは目に見えないので、仕事の一覧化や手帳などによる時間管理で見える化すると、いくつかの気づきを得ることができます。

気づきの一つとして**何が問題か**を明確にとらえることができます。

見える化しないと「最近営業成績がふるわないなあ」と反省や自省で終わりますが、見える化すると、成績がよい時期と比較をして「アポの回数が少ない」だとか、「効率的に営業できていない」などと、問題が何か明確化します。

また、チェックリストをつくることで仕事の進め方を見える化し、**事前にミスを減らす**こともできます。

「取引先に確認メールを送ったか」「請求書は発行したか」などのチェックをすることでミスを減らすことにもなるし、**仕事の進捗**も確認できます。

何より**頭の整理ができる**のが見える化のメリットです。

仕事に追われていると、まるで水に溺れているように目の前のことに必死になります。ともかく一つでも仕事を終わらせようと本人は頑張るのですが、冷静に見ると、いま手をつけなくてもいいことをやっていることもあるのです。

ですからまずやらなければならないことを一覧化するだけでも、頭の整理ができてベストな方法を見つけることができるのです。

一覧化はシンプルに

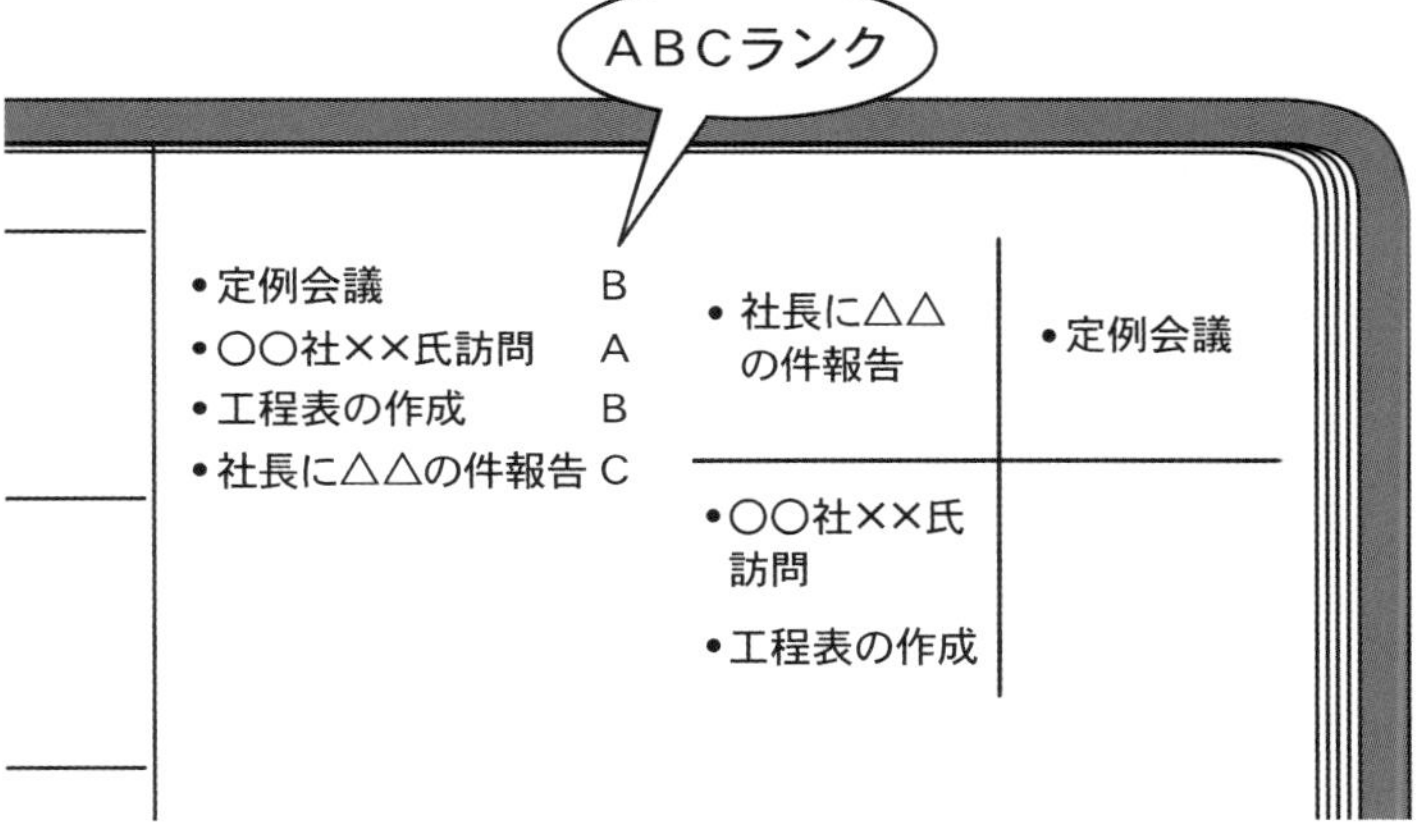

一覧化などというと難しく思うかもしれませんが、私はただやるべきことを並べて書くだけでいいと思います。

難しい方法を選ぶと長続きしませんし、一覧化することに時間をかけすぎるのもどうかと思うからです。

押さえるべきはどのような仕事があるかが見えればそれでいいのです。

実際に私がやっている方法もシンプルです。

手帳の右側にタスクを書き、緊急度と重要度のマトリクス（詳しくは99頁参照）に落とし込み、やった仕事を評価してＡＢＣランクを書き込む。Ａはよい結果　Ｂは基準は一応満たした評価、Ｃは改善必要というランクでつけています。

一覧化はこれだけです。

あなたも頭の中でブラックボックス化しているタスクややるべきことをまずは書き出してみましょう。それだけでも最大のメリットである〝順番をつけることができる〟を体感できるでしょう。

結果を出す人へのステップ5

頭のブラックボックスの中からやるべきことを取り出し、見える化する

2-3 コップは大きくならない

緑川君の夕暮れ

「緑川さん、忙しそうね」

同僚の藍川さんが声をかける。

「ああ、今日ね、見積もりの依頼が3件あってね。……あ、どうかした？」

「来週、取引先に行くんだけど、以前緑川さんがつくってた提案書を参考にさせてもらいたいなって」

「え……あ、わかった。探してみるね」

「ごめんね。忙しいのに」

「大丈夫だよ。気合だよ」

「おい緑川」

次は課長が声をかける。

「いま、来月の見込みを計算しているところだ。君の予測を聞きたいのだが」

「え……わかりました。今日中に出します」

「悪いがよろしく」


「先輩、助けてください」

後輩の黒山君が声をかけてきた。

「ネットがつながらなくなっちゃいました」

「え……それは大変だな」

「先輩、なんとかできますか」

「え……わかった、じゃあ、少しパソコン預かるね」

「わあ、ありがとうございます」

いろんなこと受けちゃったけど頑張ればなんとかなるね、と緑川君が気合を入れていたら、社内アナウンスが流れた。

「あと1時間で終業時間です。今日はノー残業デーにつき、1時間後にすべての電源を遮断します。皆さんご協力よろしくお願いします」

緑川君はその放送を聞いて一瞬固まったが、腕まくりをして仕事に取りかかった。

取捨選択の蛇口をひねろ

段取りができない人はいつもバタバタしています。

このバタバタという状態は言い換えると、持っている時間より処理するべき仕事が多い状態を表しています。

先ほどお伝えした一覧化で仕事の量を確認した結果、「やることがこんなにあるのか」と思われた方も多いでしょう。

パソコンで例えれば、メモリーの使用量が残り数%になって固まりかけている状態ですね。

パソコンだとメモリーを増やしたり、さらにハイスペックな装備にすれば解消できますが、人間だとそうはいきません。

時間は限られていますし、一人で処理できる仕事量も限られているからです。

ですから私たちがやるべきことは、どうやって多くの仕事をさばくかを考えるのではなく、**どの仕事をやるべきで、どの仕事をやらないべきか**ということなのです。

先ほど申し上げたバタバタ状態は持っている時間より処理すべき事柄が多い状態です。次のようなイメージをしてください。

蛇口から水が出て、コップに注がれています。

コップはいっぱいになり、ふちから水があふれています。

多くの人はこの状態で二つの行動を取ります。

一つは蛇口を閉めて水を止める、もう一つは大きな器に入れ替えるの二つです。

あなたはどちらの方法を選ぶでしょうか？

きっと多くの方が蛇口を閉めるとお答えになると思います。なぜなら大きな器に入れ替えても蛇口を閉めない限り水が出続けて、いつか新しい器もいっぱいになってしまうからです。


しかし、この状態を職場に置き換えると私たちは逆のことをしています。

蛇口から出る水が仕事、受けるコップが私たちの時間ととらえたときに、私たちは蛇口をひねることはせず、自分のコップを大きくしようと残業をしたり、休みの日に仕事をするのです。

ただ私たちの時間は有限ですのでコップを大きくするにも限界があります。

バタバタ状態とはコップから水がこぼれて、こぼれた水を拭き取るのが精いっぱいで、コップの中に何が入っているかもわからなくなっている状態を指します。

ですからバタバタ状態を抜け出すには、蛇口をひねって、水を止める必要があるわけです。

このバタバタ状態を解消しないと段取りを考える余裕も生まれません。

だからこそ、入ってきたものをいかに処理するかを考えるのではなく、蛇口をひねって、せめて水の流れを細くする、つまり取捨選択することが大事なのです。

仕事の取捨選択とは、頑張ってやろうとするのではなく、その仕事を受けるべきか、または本当にしなければならないのかを考えることです。

蛇口を完全に閉めることはできないにしても、少し水の量を調節するところから始めましょう。

結果を出す人へのステップ6

バタバタ状態を解消するには、仕事の蛇口を閉めること

2-4 優先順位づけを習慣にする法

全力投球緑川君

会議が終わり、緑川君は後輩の黒山君と片づけをしていた。

黒山君は椅子と机を片づけ終わり、緑川君に声をかけた。

「先輩、あと何をすればいいですか？」

「何って、もう終わったの？　きちんと机は水拭きした？」

「え？　そこまでしなくてもいいんじゃないですか？」

「ダメだよ。仕事は手を抜いちゃ。どんな仕事も全力投球」

黒山君はしぶしぶ机を拭きだした。

「先輩、ホワイトボードで何をしているんですか」

「何って、ほら、ここに薄く跡が残っているだろう」

黒山君がのぞき込む。

「どれっすか……僕には見えないですけど」

「ダメだよ。ほら、ここだよ。これってね、次に使う人が困るし、情報漏洩の可能性があるから完全に消さなきゃ」

「そこまでしなくてもいいんじゃ」

「ダメだよ。どんな仕事にも全力投球」

「先輩、全力投球がモットーですか」

「そうだよ。新入社員のころに習わなかったかい。どんな仕事も全力投球、手抜きはするな、って」

緑川君はホワイトボードを磨きながら言った。

習慣化の〝三つのメリット〟

いままですべてのことに全力投球してきた方にとって、取捨選択や優先順位設定などは、頭でわかったとしても実践は難しいと感じられるでしょう。

なぜなら仕事を断るのは心苦しいもので、受けたほうがラクです。また、頑張り屋さんにとっては仕事で手を抜くという罪悪感もあることでしょう。

私自身もインバスケットに出会う前のダイエー勤務時代は、「すべて完璧」をモットーに仕事をしていました。朝から晩まで、休みの日も職場に行き、自分の担当の仕事の完璧を目指していました。

当然バタバタ状態が続き、ミスがミスを生むような悪循環に陥っていったわけです。

インバスケットも同じで、限られた時間の中ですべての案件を完璧に処理するにはどうするか？　というテーマが私のインバスケット研究の第一歩でした。

研究を進めるうちに、あるとき、気づきました。

「ひょっとしてすべての仕事を完全にこなすことは不可能じゃないか」

そこでやるべきことの順番をつけることを始めたのです。

でもなかなか優先順位づけは定着しません。そのようなときに次のようなメリットを強く意識することで、徐々に順番をつけることができるようになりました。

あなたも優先順位をつけるには、これからお伝えする三つのメリットを意識してみてはどうでしょうか？

1. 時間的余裕が生まれる

無駄なことを取り除くので物理的に時間が生まれます。この時間的な余裕はとても大事です。飛行機に乗る際に時間ぎりぎりで飛行機に乗り込むのか、空港でコーヒーを飲んでから乗るのか。私自身は搭乗前に自分のやりたいことができる遊びの時間を楽しんでいます。

2. 精神的余裕が生まれる

リスト化や取捨選択によって、「何かわからないがやることがたくさんある」という状態から脱却できます。精神的な余裕がなくなると、同僚や部下に挨拶をされても、パソコンを触りながら返事したり、相手の話が終わらないうちに自分の言いたいことをかぶせてしまうなんてことがよくあります。すべては仕事に追われている状態、つまり精神的余裕に起因しているのです。

3.計画的余裕が生まれる

優先順位をつけることにより、ぎちぎちの計画にならなくなります。その結果、起こった緊急案件にもすぐに対応したり、計画が組み替えやすくなります。

これらの「三つの余裕」は仕事の質を高める効果をもたらします。また余裕があるから仕事の先回りである段取りを考えることができるわけです。

ぜひメリットを意識して優先順位をつけてみてください。

結果を出す人へのステップ7

優先順位設定は三つの余裕を生み出す

2-5 本当にしなければならないのは何か

緑川君のメール処理能力

緑川君は時計を見た。

「おい、黒山。会議の時間だぞ」

後輩の黒山君は資料をそろえながら、慌てて席を立つ。

「さっき、商談から戻ってきたばかりで、メールもチェックしていないんですよ」

「僕もそうだよ。あとは会議のあとに処理しよう」

立ち上がった二人がデスクに椅子を入れたとき、前の席の茶山さんが声をかけた。

「緑川さん。大井川産業さんから電話です」

「あ、いまから会議って言っておいて」

「でも、なんだか怒っていますよ。昨日送ったメールの返信がまだ来ていないって」

「え……昨日」

緑川君はパソコンを操作しながら、

「あ、え……発注した商品と違う……次のページで見えなかった」

「どうします。これ以上待たせると」

「どうするって……えっと……どうしよう」

「とりあえず代わりますすね……あれ、切れている」

緑川君は両手で目を覆った。

20：80の法則

パレートの法則をご存じでしょうか？　イタリアの経済学者のヴィルフレド・パレートが提唱した経験則です。

「社会の8割の所得は、上位2割の富裕層によって得られている」

この法則はビジネスの世界でも用いられています。

私自身もこの法則を知って大きく人生が変わりました。

先ほど申し上げたように、すべてが大事であるという考えを覆したのがこの法則だったのです。

段取りにおいてもこの法則があてはまります。

完全な準備をしようとして準備が間に合わないよりも、**重要な2割を押さえていれば8割段取りが終わった**といえるわけです。つまり重要なのはすべてではないということなのです。

しかし、私たちはできるだけ仕事の数を減らそうと、簡単なものから処理したり、目の前のものから処理したりしてしまいます。

でも、8割の仕事が減ったとしても、重要な2割が処理されていないと、仕事のほとんどはできていないことになってしまうわけです。

優先順位をつけて仕事をサクサク進めたいと思うのであれば、大事なものとそうでないものを区別する必要があります。

とはいえ、私たちはもともとすべてを大事と考えていたので、なかなか分けることができないでしょう。そんなときに、半ば**強制的に、大事な2割とそうでない8割を分ける**ことで、取捨選択ができるのです。

もちろん、最初から8割を捨てろというつもりはありません。30：70でも結構です。50：50でもいいです。ともかく**捨てる基準値をつくる**ことが必要なのです。

そうすると不思議に、いままでよりも力をかけずに仕事がサクサク進みだします。

基準値のつくり方はのちほどご説明します。

結果を出す人へのステップ 8

すべてが大事ではない。大事なのは20％

2-

6

緊急度に追われすぎない

緑川君、逃した魚は大きい

課長が緑川君に声をかけた。

「あの日本物産との取引はどうなった」

「え……あ、まだ何も」

「おい、あそことの取引が始まれば大きい売り上げが期待できるじゃないか。どうして放置している」

「言い訳になるかもしれませんが、『急ぎではない』と言われていたので、期限が迫った見積もりから作成していました」

「それは言い訳にもならないな。すぐに見積もりをつくり送りなさい」

課長の指示に緑川君はしぶしぶ従った。

すると日本物産から返信が来た。

「残念ながらすでに見積もりを出していただいた他社に決めることになりました。また機会がありましたら、よろしくお願いします」

緑川君は深いため息をついた。

もしかして、期限敏感症候群？

私たちは期限に対して敏感です。

期限が迫っている仕事があると、たとえもっと重要なことが別にあるとわかっていたとしてもそれは後回しにして、とりあえず期限優先でやっつける人が多いでしょう。

もちろん期限を守ることは大事です。

特に相手がいるときに、相手に迷惑をかけることがあっては信頼を失います。

しかしあえて私はもう少しルーズになることを勧めます。なぜなら**期限が最優先にされると大事なものを見失う**からです。


私も作家である以上、原稿を書き上げる期限を設けられています。編集者との信頼関係を守るためにはこの締め切りは守らなくてはなりません。

しかし、それ以上に大事なのは、読者を裏切らないことです。

例えば事実ではないことを書いて読者にうそをついたり、期限を守ることを優先してほかの作家の作品から文章をそのまま盗作するなどはあってはいけません。

私が行っている研修でも「期限が第一」という受講者が山ほどいらっしゃいます。

通常優先順位をつける際には「緊急度」と「重要度」を考慮しなければなりませんが、緊急度が高いものを重要と考える、いわゆる「期限軸」で順番をつける方が多いのです。

それは「5分前集合」のように時間を厳守する教育が重視されてきた結果です。

実はビジネスでは期限をやぶってでもやらなければならないこともあるのです。だからこそ少し緊急度に鈍感になる必要があります。

期限に追われると、仕事が期限重視となり、本当はしなければならない重要なことができなくなります。

あるレストランでは一気にオーダーが上がってきたときに、オーダーの順番で出すべきでしょうが、子供の料理を優先して出していました。

子供がぐずると周りのお客様にも迷惑がかかるということで、順番を変えたのでしょう。

このように期限に縛られない優先順位をつけてもらいたいものですね。

結果を出す人へのステップ9

優先順位は期限だけで決めない。むしろ重要性の比率を上げるといい

2-7 重要って何が重要？

緑川君のブログ

こんばんは。みどりんです。
今日もなんとか生き抜いているようです。
我ながら今日も凄まじい一日を過ごしました。

私はいわゆる営業職なのですが、お客さんからの値引き要望を上司に持っていくと、利益はどうするのかって怒られて、なんとか承諾をもらって在庫確認をすると、まさかの在庫切れ。配送からは処分に困っている商品をなんとか売ってもらえないかと言われ、……永遠の輪廻です。

私のライバルにこんな質問をしてみました。

「営業で一番大事なことは？」

そしたら、そしたらなんて答えたと思いますか？

彼の答えは、

「スマイル」

だそうです。

なんて奴だ。

自分の大事ベスト3を見つけよう

仕事をサクサク進めるには、取捨選択だと申し上げました。

頭で納得しても、これを実行できる方は少ないのではないでしょうか。なぜなら、取捨選択、つまり**何かを選んで、何かを選ばない**という判断は非常に難しいからです。私自身も整理が苦手で、特に何かを捨てるという判断が大の苦手でした。しかしあるものを見つけてから取捨選択ができるようになりました。いままでは社内で「社長はなんでも捨てるから気をつけろ」とも言われているほどです。

そのあるものとは「自分軸」です。

自分軸とは**自分が大事にする揺らぎない基準**を差します。

例えば転勤などで部屋を選ぶとしましょう。

不動産屋さんからどのような部屋をお探しですか？　と聞かれたとき、あなたはどう答えますか？

間取りでしょうか？　それとも家賃でしょうか？　職場からの距離……。

部屋を選ぶ際にはいくつかの要素がありますが、すべてを兼ね備えた物件はなかなかありません。ですからあなたは何が一番譲れないかを伝えて部屋を探すでしょう。

これが自分軸です。

仕事でこの自分軸をつくるとよいことは三つあります。

一つは**物事の順番や取捨選択ができる**ことです。実は順番をつけることができないのは自分軸がないからです。例えば、顧客満足を第一に考えるのであれば、時には上司の指示を後回しにすることもためらわずにできるようになります。

二つ目は**判断が早くなる**ことです。

自分軸をつくるとそれに沿って決めることになりますので、判断に苦しむことがなくなります。服を買いに行ったとしましょう。店員さんからいろいろ試着を勧められても、予算を明確に決めていれば、すぐに断ることができます。予算が明確でないとついつい勧められる服にそでを通すということになるのです。

最後は**コンセプトができる**ということです。

コンセプトとはあなた自身が大事にしていることが周りにもよくわかるということです。

例えば、日本料理の板前さんなら「素材を生かす」のか、「季節」なのか、中には「器」を大事にするお店もあります。この大事にするものがコンセプトとなり、お客さんもそれを楽しみに来るわけです。

コンセプトが明確になると、周りの人から見ても「ああ、この人は部下を大事にする人だ」だとか「目標を絶対達成することに大事を置いている」とわかります。つまりブレない人と思われるのです。ブレない人には、部下もついてきやすくなります。

自分軸をどうしても一つに絞れないという方もいらっしゃるでしょう。

そのような方には、「大事ベスト3」をお勧めします。

大事ベスト3とは、自分が大事だと思うことを3つに絞り、その中にも1位から3位の順位をつけることです。

例えば先にお話しした部屋選びであれば、「家賃」「陽当たり」「部屋の間取り」の譲れない要素を三つ選んだとします。その中で1位「家賃」、2位「陽当たり」、3位「部屋の間取り」などと順番をつけるのです。

そうするといい物件が2軒あり、どちらにしようか迷っていても決めやすくなります。

「家賃」は両方とも許容範囲、A物件は間取りはいいけれど陽当たりがBに比べて悪い。などとするとB物件を選ぶことができます。

論理的な決め方が好ましい方は、点数をつけて決めてもいいでしょう。1位は50点、2位は30点、3位は20点というふうにです。

段取りの秘訣は「決めること」です。

何をしないのかを決め、**順番**を決め、時には**省くもの**も決めなければなりません。

そのためには、大事ベスト3をつけておくと順番をつけるだけではなく、判断のよりどころになるので便利なのです。

結果を出す人へのステップ 10

大事ベスト3を決めておくと取捨選択しやすい

2-
8
頑張りどころはどこか？

緑川君の張り切る一日

「おい、緑川、今年の新商品発表会にお呼びするお客様へのご案内は終わったのか」

課長がデスクにいる緑川君に声をかけた。

「はい、いま準備を進めています」

緑川君の答えに課長は顔を曇らせた。

「緑川、準備って……新商品発表会は来月だぞ。遅くても先週末には送っておくべきだろう」

「課長のおっしゃることはもちろんです。ただ、どなたをお呼びするかリスト化に時間がかかりまして」

「顧客管理システムですぐにリストができるだろう」

「はい、ただ、全員にお送りして全員がお越しになると十分対応ができない可能性がありますので、リストから顧客の属性を考えてＡＢＣのランクに分けました」

「うむ、それで」

「Ａランクのお客様の中でもすでに取引が終了してしまっている会社や、ご担当が変わられている可能性がある会社があるので、最新なのか、いただいた名刺と照合しています」

「何？　……いつもメンテしていればそんなことしなくても……」

「もちろんメンテはしているつもりですが、万が一間違いがあっては信用失墜につながります。なんせＡランクのお客様ですから」

「……まあいい、それで」

「次にＢランクのお客様ですが、これが全体の７割を占めており、これでは困るので、Ｂランクの中にも５段階を……」

課長はあきれながら言った。

「あのなあ、この仕事は何が大事なのかわかるか？　お客様に早くお知らせして予定を確保してもらうことだろう」

「いいえ。それよりまずは完璧なリストをつくることです。そこからすべては始まります」

「……わかった。君にはもう頼まない」

「え……どうしてですか。僕はこんなに頑張っているのに」

「頑張らなくても結果が出る」が一番

仕事をサクサク進めるには、頑張りどころを考えることです。

ついすべての仕事に対して全力投球してしまう方がいますが、それでいいのは新入社員の1年間くらいで、自分で仕事の計画が立てられるようになると、次のステップである「頑張りどころはどこか?」を考えなければならないのです。

どこを頑張りますか？

頑張っている人はよかれと思って全力を出しています。

もちろんそれを否定するつもりはありません。ただ、頑張りどころが違うと結果が出ないばかりか、逆効果になってしまうことがあります。

例えば、管理職になりたての課長がいるとします。彼は現場で優秀な成績を上げてきました。

課長になってもさらに頑張り営業成績を伸ばしました。しかし、ある日上司である部長から「君は管理職として評価できない」とフィードバックを受けました。なりたての課長は納得がいきません。なぜなら頑張って成績を上げたのに評価されてないからです。

皆さんはこの頑張りをどう評価しますか？


実は頑張ればいいわけでも、結果が出ればいいわけでもありません。

管理職は自分が頑張って結果を出せばいいのではなく、メンバーの力を使って目標達成したり、組織を安定的に運営しなければならないのです。

部長の目から見ると、「頑張りどころが違う」ということになります。


私自身も研修や講演で頑張りどころを決めています。

最初の10分とフィードバック、最後の締めです。

もちろんほかの手を抜いているわけではありませんが、頑張りすぎると聞いているほうも疲れますし、本来伝えなければならないところが伝わらなくなるのです。

楽曲と同じようにサビもあれば、イントロもあるわけです。


中長期的な話をすると、結果を出していくうえで頑張らなければならないのは、**い**

かに自分が頑張らなくていいようにするかという点です。

段取りはその典型ですが、部下に仕事を任せるために教育したり、仕組みをつくったり、システムを導入したりするなど、自分が頑張らなくても結果が安定的に出せるようにする部分を頑張らなくてはならないわけです。

ですから、第1章でもふれましたが、ぜひキーワードとして覚えていてほしいのは、

「頑張らないように頑張る」

なのです。

結果を出す人へのステップ 11

頑張りにも優先順位をつける

2-9 あなたの時間は無限じゃない

緑川君、新入社員教育係になる

「緑川さん、今日は新入社員の教育係ですよね。頑張ってください」

同僚の藍川さんに激励され、顔を紅潮させて会議室に向かう緑川君。

「僕が教官の緑川です。今日は会議の準備をするときの心得を教えます。しっかり学ぶように」

緑川君が言うと、新入社員は全員「はい」と答えた。

「今日は会議の準備の掟を1時間で10個伝えます。真剣に聞いてください」

新入社員は全員「はい」と言い、緑川君はレジメの1ページから教えだした。

「まず、10個の掟の前に、会議とは何かについて考えましょう。会議とはとても重要です。会議は会社の決定事項を決めるだけではなく、みんなの意識の統一や当事者意識を上げるために行われるからです。会議の種類もいくつかあって……」

緑川君は興奮気味にホワイトボードに書きだした。

30分経過……。

「では会議の大事さは理解できたと思うので、早速掟1から教えます」

「掟1、会議の内容の確認です。これを確認しておかないと何をどのように準備するかわからなくなります。まず、出席者名簿を手に入れます。これで人数と役職が誰なのかわかります。人数の多さによって会議室を……」

45分経過……。

「では掟2、会議室の確保。当社には会議室が6個あります。それぞれ大きさと設備が異なり……」

60分経過……。

「では掟3……」

「先生、私たち次の講義に行かなくてはならないのですが……」

「え……でもまだ7個あるんだけど……どうしよう」

「どうしようといわれても」

緑川君は決心した。

「よしわかった。あとはレジメに書いてあるので各自学習すること」

期限を決めたほうがうまくいく理由

私たちは常に期限に追われています。納期、会議時間、飛行機の搭乗時間などです。

この期限がないとどれだけ自由なのか実験をしたことがあります。

作家には締め切りという期限があります。

締め切り前には、まだ期限になっていないのに「大丈夫でしょうね」とアラートのようにメールを送ってくる編集者もいるほど締め切りは重要視されています。

私は2カ月に1冊ペースで本を刊行しています。しかも原稿はライターさんにお願いせずに自分ですべて書いています。ですからある意味毎日が締め切りとの闘いのような気持ちです。

あるときにひらめいたのは、企画が決まり、締め切りが設定されてから書きだすのでなく、あらかじめ原稿を書いておいてそれが完成したら編集者に渡すという方法です。

こうすれば締め切りに追われることはなく、もっといい原稿が書ける。

そう思ったわけです。

結果、大失敗しました。この原稿は、いまの時点でもまだ書き終わっていません。時間をかけても、いい原稿にならないばかりか、逆に文字数だけが多くなり、わかりづらくなってしまい、どう書き直そうかと思ったまま、お蔵入りになっています。

仕事も同じで、時間をかければいいものができるわけでも、結果が出るわけでもありません。逆に期限を決めることで中身のある仕事ができ、時間もパワーも配分を考えるので効率的な仕事ができるわけです。

期限を決めれば仕事がサクサク進むのは、期限から逆算して計画を組むからです。逆算することで、計画がより組みやすくなり、仕事がサクサク進むわけです。

ですから、つまりどんな仕事にも期限をつける。

段取り上手な方はどんな仕事にも期限を決めています。

結果を出す人へのステップ 12

どんな仕事にも期限をつけることを習慣化する

第3章

大事な仕事に集中する「仕組み」をつくろう

——B象限を最優先する法

3-1 トラブルや失敗の元凶は何か？

緑川君は夜9時からエンジンがかかる

緑川君はバリバリ資料をつくっている。

青柳君が声をかける。

「ごめん、ここまではできたけど」

「ああ、青柳君。ありがとう。助かったよ。あとは僕が頑張るから大丈夫だよ」

青柳君は気の毒そうに声をかけた。

「災難だったね、明日のプレゼン資料を入れたパソコンがクラッシュするなんて」

「ああ、でも以前も数回あったからね。慣れたもんだよ」

「そろそろ新しいパソコンに替えてもらうように申請してみたらどうかな」

「いやいや、まだまだ使えるよ。僕はモノを大事にするタイプなんだ」

「なら、クラウドとかを使って、パソコンのデータが消えてもカバーできるシステムを入れるとか」

「ダメダメ、僕はネットは信じないんだ。それにめんどくさいしね」

「そうか……じゃあ、頑張って」

緑川君は腕まくりをして言った。

「よし、長期戦になるかもしれないので夜食を買いに行くか」

それは起こるべくして起きる

トラブルやクレームはできれば避けたいものですが、無事処理が終わると、何やら達成感を感じることはありませんか？

私も以前の小売業でクレームが起きたときは「クレームだよ。困った」と言いながら、自分が仕事をしている実感をえていることがありました。

しかし、皆さんもおわかりのようにそれらの仕事を続けても時間とパワーを使うだけで結局何も生み出しません。なぜならマイナスの状態をもとの状態に戻す仕事だからです。

ラクラク仕事をするには、**そもそもトラブルやクレームを起こさない**ことが大事なのです。つまりマイナスの状態をつくらないことがラクラク仕事を進める秘訣なのです。

これはラクラク仕事をする思考の基本になります。

トラブルもクレームも起きなければそれに費やされる予定の時間が浮きます。これはトラブルやクレームに悩まされている人にとって、時間が生まれるといえます。ラクラク仕事を進める思考は「時間をつくり出す思考」なのです。

バタバタ仕事をする人は起きたトラブルをいかに迅速に処理するかを考えます。

「でもトラブルは突然起きるんじゃないの」

こう考える方もいるでしょう。

しかしそれは違います。多くのトラブルやクレームは起こるべくして起きています。偶然発生したわけでも、運が悪かったわけでもありません。

原因があるから発生しているととらえれば、いかにその原因を取り除くかということが大事なわけです。

ハインリッヒの法則をご存知ですか。

これは労働災害における経験則の一つです。一つの重大事故には29件の軽微な事故があり、その背景には３００件の異常が存在するというものです。

要するに**重大なトラブルやクレームには前兆が必ずある**ということなのです。

この前兆を敏感にキャッチして手を打っておくこと、そしてその前兆になりえることにもメスを入れることで、あなたのトラブルやミスは激減するわけです。

結果を出す人へのステップ 13

トラブルやミスが減れば時間が生まれる

3-2

緊急度は低いが重要度は高い

──B象限の仕事

青柳君はいつも定時に帰る

緑川君は同僚の山吹さんと雑談をしていた。

「あー、今日は早く帰りたいなあ」

「緑川さんはいつも遅くまで頑張っていますものね」

「まあね。でもこのままじゃ体を壊すから、今日は夜10時までに帰るつもりだよ」

山吹さんは言った。

「そういえば青柳さんはいつも定時ですね」

「ああ、あいつは要領いいからね。遊んでばかりじゃいけないね」

「クスッ」

「え、何……」

山吹さんは耳元で小声で言った。

「青柳さん、学校に行っているらしいですよ」

「学校……ああ、きっと何か失敗したんだろうな。大変だね。いまさら勉強なんて」

課長が腕を組みながら言った。

「緑川、何言っているんだ。青柳はプレゼンのやり方や決算書の読み方などを学ぶために勉強しているんだ」

「プレゼン……決算書……なんで?」

「あのなあ、君も青柳を見習って、ダラダラ仕事せず、何か勉強して自分に投資をしたらどうだ」

「はあ」

B象限ってどんな仕事？

私たちのやっている仕事を緊急度と重要度の2軸で分けると4つの象限に分けることができます。

緊急度も重要度も高いA象限、
緊急性は低いが重要度が高いB象限、
緊急性は高いが重要性が低いC象限、
緊急性・重要性ともに低いD象限

に分けることができます。

ラクラク仕事をするにはどの象限に力を入れるべきでしょうか？
前項の話の流れでいうと、トラブルの根源となりうる部分が重要でそこに力を入れなければならないので、Ｂ象限です。Ｂ象限はトラブルやクレームなどのA象限の根本となっています。

優先順位マトリクス

緊急度高

A（重要度高・緊急度高）

- 組織としての存続の危険があるもの
- 人命に関わるもの
- 期限が迫っている業務で、組織の運営上不可欠なもの
- 病気や事故
- 顧客からのクレーム
- 組織の運営に不可欠な機械・装置の故障
- 組織の運営の障害になる風評や政治的圧力

C（重要度低・緊急度高）

- 期限の迫った形式的な会合・会議
- 他部署への臨時の応援
- 直接組織運営上問題ない対外会議
- 重要ではない差し迫った案件
- 突然の来訪や電話

重要度高　　重要度低

B（重要度高・緊急度低）

- 部下の育成
- 有益な人間関係・信頼関係の育成
- 予測される危険の回避行動
- 組織としての計画行動
- メンテナンス行為
- 財産保全
- 企業としての社会的発展
- 賞賛される企業への発展行動
- 今後の飯のタネ
- 部下の自発的行動の補助

D（重要度低・緊急度低）

- 見せかけの仕事
- 待ち時間
- 現実逃避
- 単なる時間の消化
- 部下の仕事・判断業務
- 移動時間
- 休憩時間のレクリエーション
- 個人の愚痴

緊急度低

各々の象限の仕事を具体的に紹介すると、前頁の図の通りになります。例えば部下の育成はB象限ですが、これを放置すると徐々に緊急度が上がり、別の形でA象限に現れます。部下の育成をしていないから顧客からのクレームになってしまった。というふうにです。

言い換えると、A象限の事象はB象限の仕事ができていないことが原因なのです。だからこそ、B象限の仕事に力を入れるとA象限の仕事が減って、本来やるべきことに時間をかけることができるのです。

いますぐしなくてもいい教育やメンテナンス、計画をつくるなどの行動こそが、仕事をラクラク進める近道なのです。

A象限の事柄は仕事にとってよくない影響を起こす事象です。ですからA象限のことに追われている状態は常に瀬戸際でなんとか食い止めている状態なのです。

それに対してB象限の仕事はA象限を起こさないだけではなく、仕事にとってよい影響をもたらす仕事です。

時間とパワーをどこに使うのかで、サクサク仕事ができるかバタバタ状態になるのか変わってくるのです。

結果を出す人へのステップ 14

B象限に時間とパワーを投資すると仕事がうまく回りだす

3-

3

ミスがミスを呼ぶ〝AC人間〟になるな

猫の手も借りたい緑川君

「課長、大変です」

緑川君は課長席に慌てて飛んでいった。

課長はまたか、という顔で緑川君の報告を聞いている。

「で、見積もりと請求額が異なっていて先方は怒っているわけだな。どうして手書きの見積もりを出した。システムがきちんとあるだろう。それを使えば単純な計算ミスは起きないはずだろう」

「ええ、使おうと思ったのですが、どうも使い方にまだ慣れてないのと、手で書いたほうが心が伝わると思いまして」

課長はあきれながら言った。

「はあ。もういい。とにかく謝罪に行くしかないな。すぐにアポと先方に出すわび状をつくれ。あと、それが終わったらこの件の顛末《てんまつ》の報告書と再発防止の対策書を今日中に出すように」

「え……あ、でも昨日の大蔵印刷へのトラブル報告書も今日中と指示を受けています。明日でもいいでしょうか」

「あのなあ。君はいったい何やっている。しっかりしろ」

「しっかりといわれても……あ、青柳君、ちょっと助けてよ」

負のスパイラルから抜け出す絶対的な方法

ミスがミスを呼ぶ。一難去ってまた一難。――これらの言葉のように、トラブルが続発することがあります。

運が悪い、という方もいますが、実はこれにはきちんとした仕組みがあります。

二つの循環理論で示すことができますが、簡単に説明すると、**いい仕事がいい仕事を生み出し、悪い仕事は悪い仕事を生み出す**ということです。


まずサクサク仕事を進める人の循環の仕組みです。サクサク仕事が進む人は先ほどのマトリクスでいうと、B象限に力と時間をかけるので、A象限の仕事が減り、さらにB象限の仕事ができて、トラブルやミスが減り成績が上がります。

逆にバタバタする人の循環のパターンは、トラブルやミスが増えることでA象限に力と時間を奪われます。さらに、本来やらなくてもよい雑務であるC象限も増えて、B象限に力を入れられなくなり、ますますB象限が放置されることで、A象限のトラブルが発生するという負のスパイラルに陥ります。

まさに「ミスがミスを呼ぶ」状態になっているわけです。

つまりよい循環になる人はBからBへとシフトしていくBBパターンに、悪い循環になる人はAとCの象限を行ったり来たりしているACパターンになっているのです。

私も前職でACパターンに陥っていったときがありました。

あるとき部下がとんでもない注文ミスを犯してしまい、売れない缶飲料のケースが1000ケースほど不良在庫化してしまったのです。私はなんとかミスをカバーしようと安売りをしたり、ほかのお店に引き取ってもらったりと精いっぱい頑張りました。

そうしている間に、本来やらなければならない販売計画が立てられず、また発注ミスが起きました。

すると倉庫や荷受け場に不良在庫があふれかえり、在庫管理に不要な時間がかかり、お店全体の物流にも支障が生じ、他部署からはクレームも出ました。店長からは在庫処分計画を提出するように言われ、私はどうしていいかわからなくなったのです。

そもそもこのような状態に陥った原因はなんなのか？

それはB象限の仕事に重点を置くようになったときにわかりました。

まず、部下に対して発注の教育が不十分であったこと、そしてその異常発注をチェックする仕組みがなかったこと、不良在庫の置き場を調整せず置けそうなところに放置していたこと、処分計画を立てておかなかったこと……。

これらは**起こるべくして起きた事故**だったわけです。
きちんと計画をし、発注の仕組みをつくるなどしておけばこのような泥沼に陥ることはありませんでした。

この状態から抜け出せたのは、Ｂ象限のことを行ったからです。

状況を整理し、メンバーで会議を開き、処分計画をつくり、発注の教育も行いました。他部署にも根回しをして協力してもらいました。

もちろんすぐにＡＣ状態から脱却したわけではありません。でも半年ほどたつと発注ミスは減り、それに比例して在庫も減りました。

そうすると、作業効率もよくなり、みんなのモチベーションも上がります。

つまりＢ象限をコツコツと継続して実施し、比率を上げることが仕事の循環を変えることなのです。

結果を出す人へのステップ 15

Ｂ象限の比率を上げる

3-
4
一見つまらないことから始めよう

緑川君、決断を下す

同僚の藍川さんに声をかけられた。

「緑川さん、英会話スクールに通っているんですって。すごいですね」

「いやいや、それやめちゃったんだ」

「えっ、どうしてですか」

「1カ月通ったけど、どうも結果が出なくて」

「そうなんですか。でも1カ月で結果ってわからないんじゃないと思いますけどね」

「ああ、でもね、こういうのはダラダラ続けちゃダメなんだ。やめどきが大事だからね」

そこに課長が声をかけてきた。

「おい、緑川。ここ数カ月、効率向上委員会のレポートが出ていないけどどうなっているんだ」

「はい、課長、あのプロジェクトは一時活動停止としました」

「なんだと、そんなこと聞いていないぞ」

「あれ、言っていなかったかな。最初の2回は会合しましたが、どうもみんな集まりが悪く、それに劇的な効果が見えなかったので」

課長はあきれながら言った。

「あのなあ、あれは君の提案で始めたことじゃないか？　たった2回で終わってどうするんだ」

「ええ、私も残念だと思いますが、結果が出ないものをダラダラ続けてはいけないと」

「わかった、もういい」

「あの、課長……私の決断間違っていましたか……あれ」

なぜコツコツ続けることが大切なのか？

結果が出ないことを続けていると、本当にゴールに着くのかと心配になることがあります。

それはまったく釣れない釣りのようで、ウキにまったく反応がない状態が1時間続くと「本当に魚がいるのかな」と心配になることに似ています。

私たちはすぐに結果が出る仕事をやりたがりますが、実はすぐに結果が出る仕事よりも、すぐに結果が出ないとしてもコツコツと積み上げていく仕事のほうが非常に大きな力になりえるのです。

なぜなら緊急度の高いすぐに結果が出るA象限の仕事には**再現性**がないからです。

再現性とは、一度成功したことがあったとしたら、その成功した方法が別の事象に使えるかどうかということです。逆にB象限の仕事は再現性があるので結果も継続し安定性があるのです。

例えば、二人の営業マンがある大きな商談をまとめたとしましょう。

一人は棚からぼたもち的にライバル社が商品を欠品させたことで商談がまとまりました。もう一人は継続的にコツコツと信頼関係をつくり上げてまとまりました。両方とも結果は同じであっても、そのあと結果が継続的に上がるかどうかは違います。

前者の営業マンはまた棚からぼたもちのようなラッキーが続くとは限りませんが、後者の営業マンは信頼関係がますます強くなるので継続的な受注が見込めます。

仕事をサクサク進めるためには、テクニックや裏技はなく、**ただB象限の仕事をコツコツと積み上げていく**必要があるのです。

私の研修では受講生の方にはB象限の仕事を黙って3カ月続けてください、と助言します。それはB象限の仕事に対しても、すぐに見返りを求める方が多く、結果が出ないとやめてしまう方が多いからです。

私もそもそも継続することが苦手でした。だからこそ、自分のできる範囲で「続けることを習慣化」することに力を入れています。

毎朝のジョギング、毎日のブログ、毎日の執筆など、始めるときは少し大変ですが、継続が習慣になるとやらないほうが気持ち悪くなります。

続ければ続けるほど見えるものや感じるものも変わってきます。

ブログは10年間続けていますが、周りの方からの評価も徐々に上がって、いまは毎日数百名の方にご覧いただいています。

また自分自身の自信にもつながりますし、本を書く際のデータベースにもなっています。

ですからすぐに結果が出ない地味な仕事ほど、続ける意味があります。

3年とはいいませんが、せめて3カ月は続けてみてください。

そうすると部下の方が、いまあなたがしている仕事をするようになったり、あなた自身が判断することが減ってくるなど、必ず変化の実感がわくはずです。

結果を出す人へのステップ 16

地味な仕事も3カ月。すぐに結果が出ないものほど続ける

3-5

B象限の仕事がもたらす三つのメリット

緑川君、担当替えを却下される

こんばんは、みどりんです。皆さんにご報告です。

なんと、なんと、今月はノルマを達成しました。

実に1年8カ月ぶりの快挙です。

みんなから拍手をもらってつい涙を流してしまいました。

ただ、課長はどうも私よりもライバルのAを評価しているようで、少々納得できません。

確かに奴は現在8カ月連続で目標をクリアしています。おそらく、担当地域に恵まれているからでしょう。クレームやトラブルもほとんどありません。

今日は後輩のKに営業同行し、アシストしたと褒められていました。
そこで今日僕は課長に担当替えを提案したのですが、逆に叱られました。
「君はいつまでそんなこと言っているんだ」と。
僕は不公平を訴えただけなのに……。
この会社に僕の居場所はないのか。
そろそろ寝ましょう。おやすみなさい。

先回りで時間が生まれる

B象限に力を入れだすと必ずよいサイクルになります。

私は仕事は農耕型と狩猟型があると思っています。

狩猟型は目の前の結果を求めるタイプ、農耕型は最初は結果が出ませんが、徐々に安定的に結果を得られるタイプです。

私が知っている限り、結果を出している方はすべて農耕型です。

数年前にある若者二人が1億円のビジネスを完成させたと話していました。

すごいな、と思ったのですが、素晴らしいとは思いませんでした。ビジネスの世界で大事なのは、一発当てることよりも継続的に利益を生み出せるかどうかなのです。

案の定、その二人はそのあと消息を絶ちました。獲れるだけ獲って終わったのでしょう。

いまがよければいいのではなく、大事なのはこれから先も結果を出し続けることです。

野球で例えるならファインプレーが上手な選手よりも、どんなプレーでも安心して見ていられて、安定して結果を出す選手が求められるわけです。

B象限に力を入れると大きく3つのメリットが得られます。

一つ目は先ほどお伝えした「**安定的な結果**」です。

二つ目は本章の最初で述べた「**トラブルや事故に巻き込まれにくくなる**」です。これはB象限のメンテナンスや計画、マニュアルの作成などがトラブルや事故を防ぐからです。万が一、トラブルにあっても軽微ですみます。

三つ目は「**自分の時間が生まれる**」というメリットです。

B象限の仕事はいまの仕事ではなく、仕事を先回りする仕事です。先回りで片づけることで余計な作業が減ります。

例えば取引先にこまめに進捗報告を送ったり情報を連携するという行動は「信頼構築」や「根回し」となりB象限の仕事です。

これを行うことで、相手からの不信感や誤解を防ぎ、不要な説明の時間や急な問い合わせが減り、その結果、あなたの時間が生まれるのです。

B象限をしっかりとすることが仕事をサクサク進める成功要因になるわけです。

結果を出す人へのステップ 17

B象限をする人は、仕事の先回りができる

3-

6

大事なことはわかってはいるができないあなたへ

覚醒した緑川君

緑川君は夢の中にいた。

祠《ほこら》があり、緑川君は絵馬に自分の願いを書こうとした。

しかし何度書いてもなぜかすぐに消えてしまう。

「なんだ、これは」と絵馬を投げ捨てると、仙人のようなおじいさんが現れた。

「こら、なんてことするんだ」

おじいさんは絵馬を持っている。

「だって、この絵馬おかしいんですよ。だから……」

「おかしいのはあなたじゃ。このままじゃいつまでたってもライバルの青柳君に勝てないぞ」

「そう、それを書こうとしていたんですよ。青柳君がミスを起こして成績が下がるようにと」

「ばかもん。そんなこと思っているから、全然ダメなんじゃ」

「じゃあ、どうすればいいんですか」

「B象限をやることじゃ。どうして気がつかないんじゃ」

「B……B象限」


緑川君は目が覚めた。

「そうかB象限か。そうだ、B象限」

緑川君はB象限の大事さに気づいた。

「今日こそはB象限の仕事をやるぞ」

意気揚々と緑川君はまず目の前の書類から片づけ始めた。

同僚の藍川さんが声をかける。

「緑川さん、すごく頑張っていますね」

「ああ、ぼくは気づいた。大事なことをコツコツしなきゃならない。だから今日こそは年間計画をつくるんだ」

「すごい。応援していますね」

「ああ、見ててよ。早めに雑務を終わらせて、午後は腰を据えて計画をつくるからね」


午後5時。

「緑川さん、総務からお電話です」

「ああ、またか、なんだよ。……はい、もしもし緑川です。え？　生産性アップに関するアンケートが出ていない。わかりました。すぐに出します」

課長からも声がかかる。

「緑川、悪いが、1年前の大川物産に提案した書類、どこに行ったか知らないか」

「え……わかりました。調べます」

緑川君は頭を抱え込んだ。

「こんな状態でB象限なんてできないよ」

こうして時間を確保しよう

Ｂ象限の大事さがわかっていても、なかなか手がつけられないという方が多いと思います。

例えば教育をしなければとわかっていても、横から別の仕事が入って延期したことや、非常時の備えを考えようと思ったが、別の仕事が入り先送りになったなどの経験は皆さんにもあるでしょう。

Ｂ象限の仕事をやろうと思ったけれど結果的にできなかった原因の多くが、Ａ象限の仕事に追われて時間がなくなることです。

Ｂ象限の仕事は期限がなく、逆にＡとＣ象限は期限が決まっているので優先させてしまいます。ですから多くの方が「まず、緊急な仕事を片づけて、それから空いた時間でＢ象限の仕事をしよう」というふうに考えます。

しかしこれではいつまでたってもＢ象限の仕事ができません。

私自身もこの失敗を長年してきました。

例えば受けたいと思った研修も多忙で受けられなかったり、部下の教育も先延ばしになっていきました。もちろん、やろうという意思はあります。仕事の大事さも理解しています。でも時間がないという状態です。

これは時間がないのではなく、時間をつくることができなかっただけなのです。

時間をつくるということは、自ら時間を確保することです。前項でお話したように数多くの雑務（もちろんあなたが重要だと考えている仕事かもしれない）が時間を確実に蝕《むしば》んでいきます。

これらの敵から時間を守るにはただ一つの方法しかありません。**先にB象限の仕事を計画に入れる**ことです。

次の絵にはコップが二つ並んでいます。

まず、左側のコップに大きな石を入れます。そして次に小石を入れます。さらに

B象限の仕事をするには

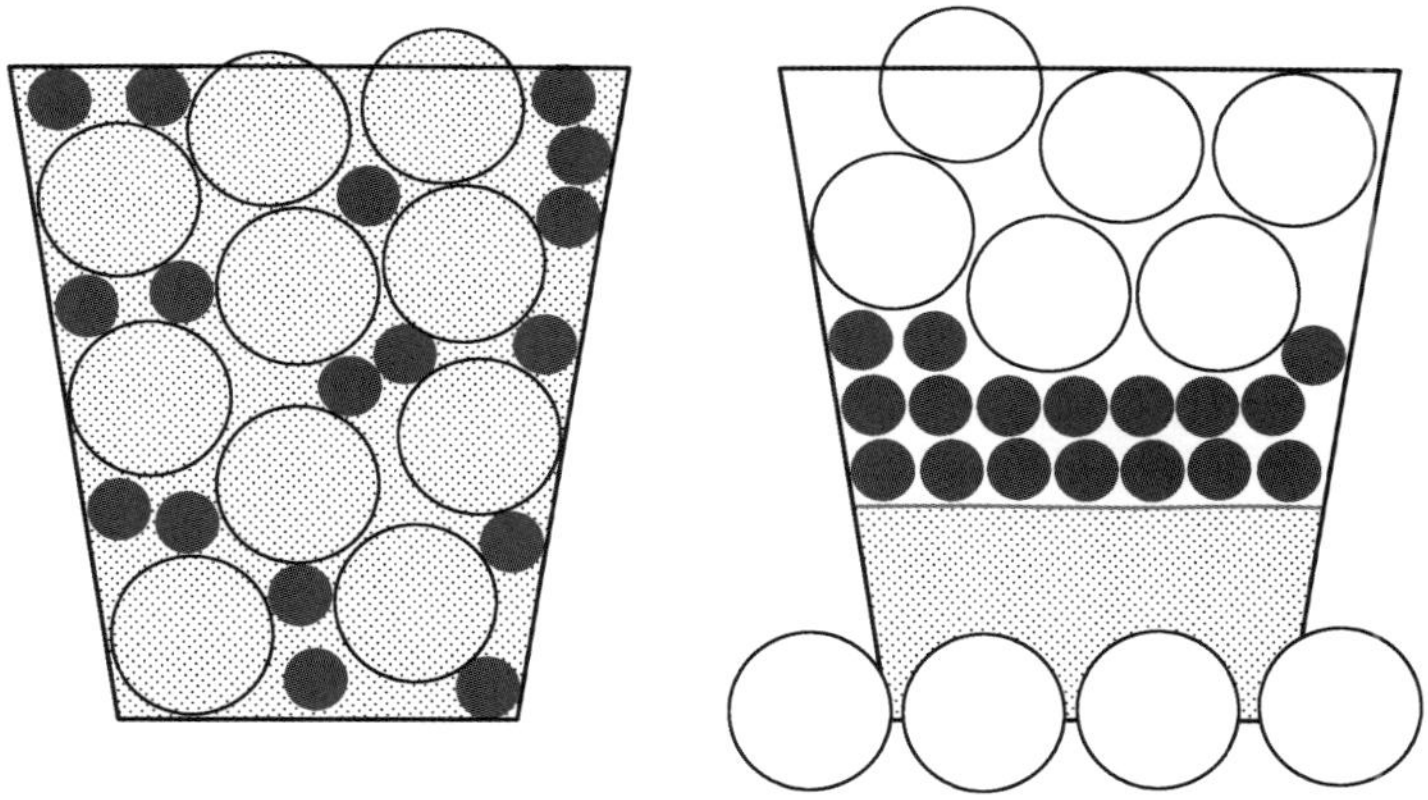

コップをトントンしながら細かい砂を入れます。そうすると左側のコップはほぼいっぱいになります。

次に右側の同じ大きさのコップに左のコップの中身を入れ替えていきます。ただし逆の方法で入れ替えていくのです。

まず細かい砂を入れて、次に小石を入れて、そして大きな石を入れます。

しかし、この方法では大きな石は入らずこぼれ落ちてしまいます。

仕事の計画の立て方も同じで、細かいものから入れていくと大きなもの、つまりB象限の仕事はできなくなってしまうのです。

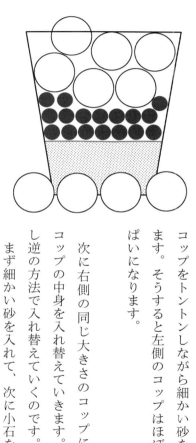

だからこそ。左側のコップのように、先にB象限の仕事を計画に入れることが、B象限の仕事のやり方なのです。

もちろん先に計画に入れたとしても、緊急な案件でできないこともあるでしょう。しかし、時間が余ればB象限をやろうという計画よりも確実にB象限の比率は上がります。

やろうと思ったB象限の仕事は先に計画に入れること、具体的には来週の木曜日の14時から16時まで部下の教育を行うというふうに、手帳に書き込むことです。そうすればその時間にB象限の仕事ができる確率が大幅に上がるのです。

結果を出す人へのステップ 18

B象限の仕事は先に計画を入れることで実施率が上がる

3-

7

未来をつくる仕事ってどんな仕事？

緑川君、実はB象限をやっていた

緑川君は落ち込んでいた。

そこに同僚の藍川さんが声をかけた。

「緑川さん、どうしたの？」

「あ、……あまりのひどさにショック受けているんだよ」

そう言ってマトリクスに落とし込んだ自分の仕事一覧を見て肩を落とした。

「B象限がないんだよ。僕ってダメだね」

藍川さんは腕組みして質問をした。

緑川くんのマトリクス

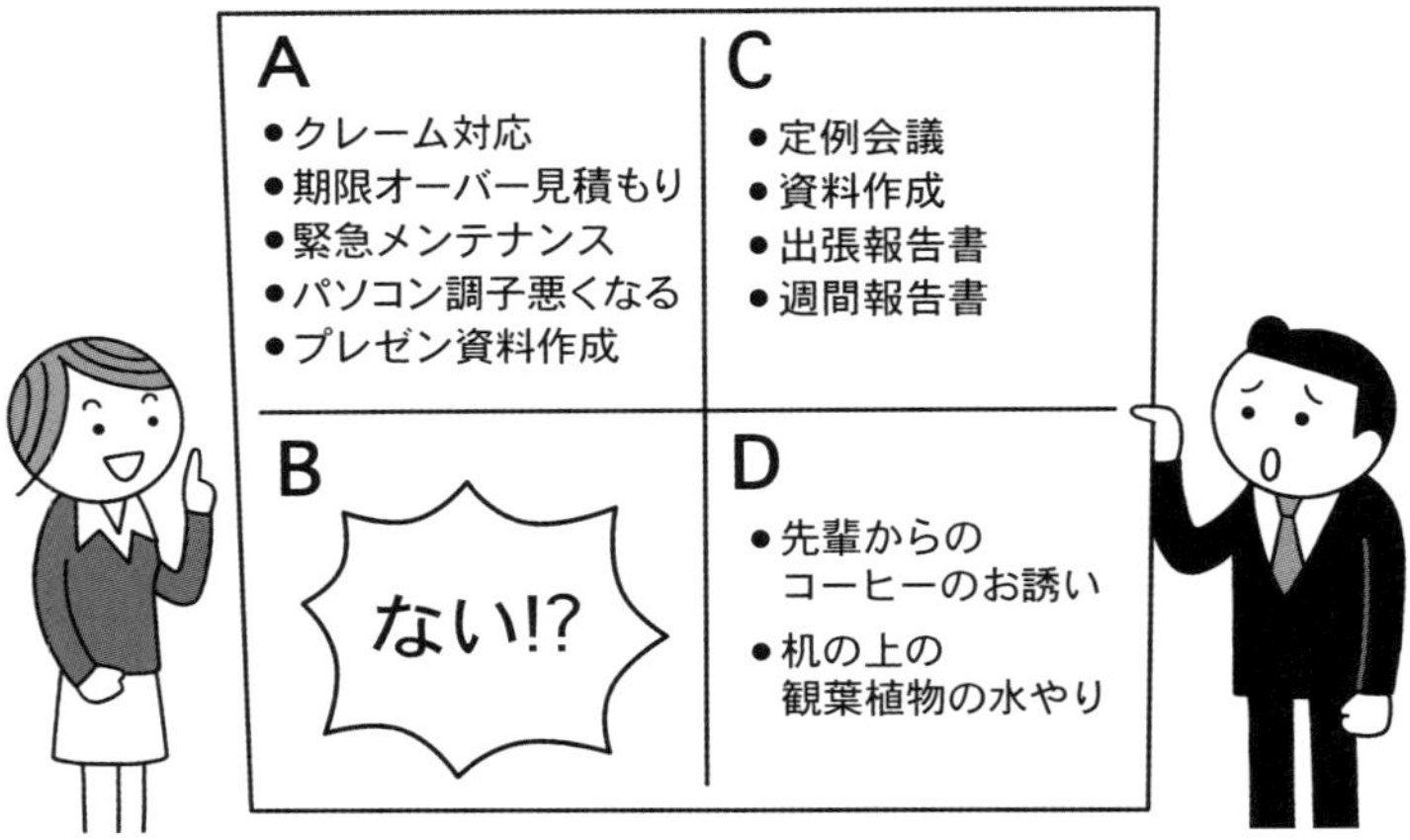

「B象限って、期限は決まっていないけど大事なことよね。緑川さん、たくさんできているじゃない」

「え？　僕が……」

「ええ、例えば、この前見せていただいた、アイデアのノートと失敗ノートはB象限じゃないかしら」

「あの、思いついたアイデアを書いたノートと、失敗を振り返るための失敗ノートが……そうか……B象限があってよかった」

「まだあるわよ。緑川さん、総務の方と仲がいいじゃない。あれは信頼関係構築にあたるんじゃないかしら」

「そうか……藍川さん、ありがとう。知らずにやっているB象限もあるのは驚きだよ」

これがB象限の仕事だ！

年賀状作成はB象限にあたります。

私自身はずいぶんご無沙汰している方と年賀状のやり取りを介して、また再会したケースがありますので、自分の中ではB象限です。

皆さんにとってもそれが信頼関係の構築などにあたるのであればB象限の行動に値します。

広義でいうと、会社内での挨拶などもB象限にあたります。

会社の風土づくりやコミュニケーションになることがあるからです。

このように私たちは知らず知らずにB象限をきちんとやっているのです。

ここでは代表的なB象限の仕事を紹介していきましょう。

□ 後輩・部下を育てる仕事

部下に任せるよりも自分でやったほうが早いと思うのは当然です。教えるのは時間もかかりますしパワーもいります。しかも教えたからといって相手がその通りできないこともあります。

しかし、自分でやり続けるということはいつまでも自分が頑張らなければならないということになります。

また部下が起こすトラブルには教育不足に端を発したものが多くあります。つまり教育をするということは、自分の時間をつくりトラブルを防止するというメリットになるわけです。

よい教育の仕方は計画的にすることです。空いた時間などではなく、計画を組み、コツコツと継続して教育の時間をつくりましょう。

□ 人間関係構築

信頼関係構築もコツコツと行うものです。例えば定期的な挨拶や、情報共有などを行うことで貯金と同じように積み上がっていきます。何かことが起きたときにこそこの信頼関係構築は効果を発揮します。

メールなどの間接的なコミュニケーションや、直接顔を合わせて行う直接的なコミュニケーションを入り交ぜて信頼貯金を重ねていきましょう。

□リスク管理

いまは起きていないけれど起きる可能性のあるトラブルなどに事前に手を打っておく行動です。

例えば、海外旅行に行くときに傷害保険に入るなどはこれにあたります。

仕事では、大事なファイルをクラウドに保管したり、こまめにバックアップを取る行動や、災害が発生したときの緊急連絡先などを用意しておくなどの行動を差します。

□計画策定

目標をつくり、それを達成するための工程を組み立てます。

将来に備えて貯金しようと考えたとします。余った金額を毎月貯金するというやり方ではなかなか貯金はできません。

そのためにまず目標額を決め、その目標を達成させるためにどのような方法で溜めていくのか、を考えます。こうすることで実行中に計画通りに進んでいるのか、それともこのままでは目標達成できないのかがわかります。

もし目標達成ができないのなら、それに対しての策を考えることもできます。

計画がない仕事は、場当たり的で不安定な結果になりがちです。

また計画を立てることで安心して自分自身の仕事ができるので、計画を立てる時間は確保したいものです。

□ 今後の飯のタネ

これは新製品の開発、新規顧客の開拓、基礎研究や市場調査などがあてはまります。

例えばいまは売り上げが順調であっても、これからずっと同じ製品が売れ続けることはありません。ですから、売り上げが落ちる前に、次のタネを仕込む必要があるわけです。

□ メンテナンス

業務で使う機械や設備の点検や手入れをすることです。

これをしておかないと故障して業務に悪影響が出たり、場合によっては運営自体に支障が出ることがあります。

無形なもののメンテナンスも大事です。例えばマニュアルや仕組みなどのメンテナンスもしておかないと、生産性が下がったりするのです。

□ 企業のブランド価値向上

これはブランド広告だけではなく、メセナといわれる企業が資金を提供して行う文化芸術への支援などにより社会的な評価を受ける行動のことです。ブランドはコツコツと積み上げていくものですので継続性が求められる行動です。

□ 財産保全

広義でいえば会社の財産をいかに守るかという行動になります。

具体的には売上債権の管理や、在庫の管理などによるロスを減らすなどの行動もこれにあてはまります。

このほかにも、様々な仕事があるわけですが、これらに共通しているのが「いまの仕事ではなく先の仕事」であるということです。
緊急性が低いがゆえに意識的にB象限をやっていくことが大事です。

結果を出す人へのステップ
19

B象限は先の仕事。それをやることで仕事を減らすことができる。

3-8

B象限に投資し続ければ仕事はどんどん大きくなる

緑川君のB象限比率

緑川君は今週の自分のスケジュールを分析した。

「なるほど、今週のB象限比率は12％か」

緑川君は誇らしげに藍川さんに手帳を見せながら言った。

「すごーい。ところで青柳さんはB象限比率どのくらいですか」

「え……、どうだろう」

そう言って青柳君は自分の手帳を開けて計算を始めた。

「きっと青柳君は僕の倍くらいなんだろうね」

緑川君がそう言うと、青柳君は少し言いにくそうに言った。

「えっと63％かな」

緑川君はあっけにとられながら言った。

「あのさあ、そこまでしなくてもいいんじゃないの。別にいまの君は順調じゃないか」

「ああ、いまはそうだけど、投資だと思っているんだよ」

「投資？　なんの？」

「将来、楽しみながら仕事するためかな」

複利効果を実感しよう

私が投資の大事さに気づいたのは30代になってからです。

『金持ち父さん貧乏父さん』（ロバート・キヨサキほか／筑摩書房）という本を読んで目からうろこが落ちました。

すぐに少々の貯金をどう投資するべきかと銀行に行ったのを覚えています。

当時の私は経済的に余裕がなかったのですが、いつか自分の生活はラクになると考えていました。

しかし、その考え方を変えてよかったと感じています。なぜなら投資をしない以上、リターンはないからです。

お金だけではなく、自分への投資も大事です。

自分への投資とはB象限の仕事に投資をすることです。

B象限に時間と力を投資すれば「ラクラク」というリターンが返ってきます。

お金の投資と同じで、少額だと少額のリターンがありますし、金額が増えるとリターンも多くなります。

投資の魅力は複利効果があることです。複利とは投資のリターンをさらに投資することでリターンの加速度が増すことを意味します。

私がこの複利効果に気づいたのは、会社の昇格試験に合格したあとのことです。

部下の教育による福利効果

＊1時間教育すると部下は1時間の仕事を肩代わりするようになると想定

a 部下に教育をする（1時間）

↓

b 本来自分がやる仕事を部下がやってくれるようになり、
その結果時間が生まれる（1時間）

↓

c 生まれた1時間で部下にさらに教育をする（aの1時間＋bの1時間）

↓

d 部下がさらに自分の仕事をすることで時間が生まれる（bの1時間＋1時間）

↓

e 部下にさらに教育をする

ステップが一つ上がると、待っていたのはさらに難しい勉強でした。

部下の数が多くなるとさらに教育に時間をかけなければなりません。

しかし、考え方を変えると、勉強するからステップが上がり、さらに高度な勉強ができる、するとさらにもっとレベルの高い勉強ができるようになる、これはまさしく複利効果です。

部下の教育をしているときも複利効果を実感します。

これを上のように図に表してみましょう。

このように投資をすればするほど返って

くるリターンは大きくなるわけです。

ちなみにお金の投資はリスクがありますが、B象限の投資にはリスクはありません。確実なリターンが見込める投資なのです。

逆にいえば投資をしないとリターンはありません。**投資もしないのに仕事がラクになるわけがない。**ということは頭に刻んでおくべきです。


投資のリターンで生まれた時間や労力などは再投資していきます。勉強をして知識をつける。経験をして経験値を上げる。そうするとビジネスの武装力がアップします。すると任せられる仕事のレベルが高くなるわけです。いい経験値が手に入り、さらによい仕事が任せられるというわけです。


仕組みをつくると、自分が関わる労力が減るというリターンもあります。

例えば、マニュアルをつくると部下からの問い合わせや相談が減りますし、ダブルチェックの仕組みをつくるとミスやトラブルが減ります。早めの予防やリスク管理をしてておくとトラブルが起きたときに最小限の労力で対応できるのもリターンの一つです。

このようにB象限に力を投資し続ける人は、さらにラクラク仕事ができて、その生まれた時間がさらにB象限に投資できる複利効果が生まれるのです。

結果を出す人へのステップ

20

B象限の投資を増やせば複利的にリターンも増える

3-
9
やらない勇気

緑川君、青柳君からテクニックを盗む

今日も緑川君は仕事に一生懸命。午前は半年間の計画をつくったが、午後に予定していた溜まった書類の整理はできそうになかった。

「あーあ、やることがいっぱいあるなあ」

藍川さんが緑川君の独り言に反応した。

「何か手伝いましょうか」

「ああ、でも大丈夫。総務から言われた若手社員のアンケートは自分で書かなきゃ。あと仕入れ先からの評価のお願いも今日までだしね」

藍川さんは気の毒そうな表情で聞いている。

「あ、思い出した。そういえば社員食堂の業者変更の説明会って今日だったよね」

「え。ああ、そうだったかしら」

次の日、緑川君は青柳君に聞いた。

「君は昨日、社員食堂の説明会に来てなかったけど、どうしたの」

青柳君は少し驚いた様子で返事をした。

「え？　あれって昨日だったのか。あーついうっかり」

「へえ、完璧な青柳君が珍しいね。じゃあ、総務からの若手社員のアンケートは」

「うーん、そんなのあったかな」

「あったよ。1週間前に課長から渡されたじゃないか」

「そういえば……」

緑川君はどや顔をしていると、課長が声をかけた。

「なんだ緑川君がやると言っていた書庫の整理はまだ終わっていないのか」

「ええ、昼からいろんな仕事が入りまして」

「でも、青柳はきちんと終わっているぞ」

「え、でも青柳は昨日、食堂の業者変更の説明会にも来ていないし、若手社員のアンケートの件も忘れているんですよ」

課長は青柳君を見て言った。

「そうなのか、青柳」

「はい、緑川君の言う通り、すっかり頭から飛んでおりました。申し訳ありません」

「珍しいな、まあいい……。それより緑川、君は実行力がないなあ。やると言ったことはやらなきゃ」

「え!?　まあいい……って何」

やらないという決断がしやすくなる技術

やらなければならない仕事が山積みだ、という方も多いでしょう。

そんな状態のときは、どれからやっていくかと考えてしまいがちですが、ここで別の選択肢を持つといいですね。

それは「やらない」という選択肢です。

ラクラク仕事をするためには、時には「やらない」という取捨選択もありなのです。


「やらない」という判断はなかなかできないという方が多いものです。

しかし仕事のラクラク状態をつくるには、この判断をしなくてはなりません。


まず、どうして私たちが「やらない」という判断を苦手とするのかを考えましょう。


私は1年から2年おきに仕事用のカバンを買い替えます。そのときに中身を新しいカバンに移すのですが、不要なものが増えているのに気がつきます。

いつのまにか「使うかも」という発想でカバンには多くのものが入っているのです。

移し替えの際に、減らそうと思うのですが、これがなかなかうまくいきません。

「使うかも」という発想が邪魔をするのです。

仕事も同じで「できるかも」だとか「やっておいたほうがいい」という発想が、仕事をやらないと決めるのを邪魔します。

このようにやらないという判断は非常に難しいものなのです。

そこで「やらない判断」を加速度的に進める秘訣を伝授しましょう。

まず**期間限定でやらない**ことにします。

やらないという判断をする際に怖いと感じるのは、本当にやらなくていいのかと疑うからです。ですからこの疑いを緩めるとやらないという決断ができます。

そこでやらない期間を設定して、その期間後にまたもとに戻すことができるという条件をつけます。

そうすればやらないリスクより、やらないことによりメリットを感じて、結果的にやらずにすますことができるわけです。

もう一つは「**すっぽかす**技術」です。

あえてやらずに忘れたふりをすることをすっぽかすといいます。

または、「とぼける技術」ともいいます。

重要な会議や人との待ち合わせなどをすっぽかすといけませんが、社交辞令やすっぽかしても迷惑がかからないことであれば、あえてすっぽかすという技も使うべきです。


私は関西人ですが、子供のころから何かをお願いすると「考えておく」という返事を受けました。

関西以外では「真剣に前向きに考える」という意味でとらえますが、関西では多くの場合に考えることさえもしないという意味合いにとられます。つまり考えることをすっぽかすということです。


和を保つために、相手への印象を悪くしないために一度は受けても、時にはすっぽかす。それも仕事をやらない秘訣の一つです。

そして奥義は、そもそも**自分が本当にしないといけないことか**を考えることです。周りの協力をえることで、なくなる仕事が多くあります。

例えば、お客様にセルフでお願いするということもできます。使ったものをもとの場所に戻すという意味合いであれば、飛行機で使ったイヤホンを降りる際に乗客が出口で回収箱に入れるというテクニックも納得できます。

このようにその仕事をやらないという技術を駆使して、本当にやらなければならないことをやりましょう。

結果を出す人へのステップ 21

やらないという選択肢を持つ

3-

10

段取りは仕組みづくり

緑川君の共有システム

「おい、緑川、悪いが本日の会議、1時間前倒しで行うので出席者に連絡をしてくれ」

課長が緑川君に言った。

「はい、わかりました」

緑川君は返事をして時計を見た。

〝2時間30分あるな。よし大丈夫〟

緑川君はファイルから出席者名簿を探し、一番上から連絡を入れていく。

「あ、営業の緑川です。総務課長の山口さんはいらっしゃいますか……え、席を外している……わかりました。戻られたら、お電話をお願いします」

電話を切ってまたかける。

「あ、営業の緑川です。総務係長の横川さんいらっしゃいますか……あ、面談中ですか。わかりました。またお電話します」

だんだんに緑川君は焦りだす。

時間が30分を切った。

「課長、すいません。会議の件ですが、連絡が取れない方が8名いらっしゃいまして」

「何……8名って半分じゃないか。何やっているんだ」

「何って……必死でお電話しているんですが……」

そのとき青柳君が課長に言った。

「課長、大丈夫です、全員に連絡行ってOKもらっています」

「そうか……さすがだね。助かったよ」

緑川君は不思議そうに青柳君に聞いた。

「僕が君に連絡したのはつい20分前なのに、どうして君が全員に伝えることができたの？」

青柳君はスマホを取り出し画面を見せた。

「このアプリを使ったんだよ。あらかじめ会議メンバーを登録しておいたから、あとはメッセージを入れておけば共有できるよ」

こうすればよい結果が自動的に出続ける

いつも気合と根性、そして頑張りで結果を出している。

そのような働き方を変えなければなりません。

なぜなら、その働き方では長続きしませんし、不安定さがいつもつきまとうからです。

私がスーパーの店長の指導をしていたときのことです。

20店舗の中に〝スーパー店長〟がいました。

スーパーだからスーパー店長ではありません。スーパーマンのようなすごい売り場をつくる店長だからそう呼ばれていました。

魚のさばき方、レジ打ち、そして売り場づくりや演出も素晴らしい人でした。

しかし、ある日そのお店に行ったときに課題を見つけました。

店長がいる日といない日の売り場のレベルの差がひどいのです。


結果的に店長の評価もあまりよくありません。

つまり頑張りと評価は連動しないわけです。


ではどのような店長が高評価を手にするのか？

それは仕組みをつくれる店長です。


仕組みづくりと聞くと「なんだかめんどくさそう」と思われる方もいるでしょう。

それはそうです。自分でやったほうが手っ取り早いですし、教えたりする時間もかかります。

しかし、ラクラクな仕事を実現するには、いつまでも自分の力や才能だけに頼っていてはいけないのです。

継続的に結果を出し、成果のブレをなくし、かつラクラク仕事をするためには「仕組みづくり」が欠かせません。

仕事を仕組み化することで**トラブルやミスも減る**のです。

それは仕組み化する際に、**定性的や直感的なことを定量化する**からです。

例えば、100件の取引先に封書で案内を出すことになったとしましょう。3名ほど部下を集め、案内を封筒に入れ、宛先を書き、封印していきます。

3名それぞれが感性で仕事をしていると、最後に1枚案内が余ってしまったとか、宛先の書き間違いで返送されたなどのミスが出ます。

仕組みがないと個人技に頼ることになり、抜け漏れが出やすくなります。

逆に、例えば宛名書きはシステム化したり、作業を流れ作業にすること、またチェック係をつくることなど仕組み化すると、ミスやトラブルの発生率を抑えることができます。

またメンバーが入れ替わっても仕組みがあれば結果は安定します。

また仕組み化は**仕事のスピードをアップ**させます。

いまは様々なコミュニケーションツールがありますので、皆さん活用されていると思いますが、中には直接伝えなければ伝わらない内容もありますよね。

そのようなときには「会議」という仕組みも便利です。

会議は一度に多くの人に情報を発信したり共有する機能があります。

私は仕組みは**「自分がいかに頑張らなくていいか」を実現する**ためにつくるものだと思っています。

いま会社を経営していますが、これもすべて仕組みづくりです。

スーパースターのような社員がいなくても、結果が安定して出てくる。

目指すは「勝手によい結果が出続ける」状態なのです。

結果を出す人へのステップ22

どうすれば継続的に力をかけず結果を出し続けるかを考える

第4章

結果を出し続ける人はこんなこともしている

——計画の立て方から根回しまで

4-1 計画は逆算で立てろ

緑川君、逆算という思考を知る

「おい緑川、今日のフライトは何時だった」

課長が緑川君に聞く。

「はい、16時羽田発です」

「わかった。じゃあ、何時に会社を出ればいいか調べておいてくれ」

「はい、まあ、1時間前くらいに出れば大丈夫です」

そして課長と空港に向かう。

課長は時計を見ながら言う。

「おい緑川、本当に間に合うのか？　あと15分しかないが、まだ空港の駅にもたどり着かないじゃないか」

「え……あれ。おかしいな」

「もういい、君はクビだ」

「え……課長ちょっと待ってください」

緑川君は目を覚ました。

横では目覚まし時計のアラームが鳴っている。

「なんだ夢か……」

オフィスで課長が緑川君に聞く。

「おい緑川、今日のフライトは何時だった」

「はい、16時羽田発です」

「わかった。じゃあ、何時に会社を出ればいいか調べておいてくれ」

「はい、まあ、1時間前くらいに出れば大丈夫です」

(ダッシュで駅まで向かえば5分、すぐに電車に乗れて30分……)

〝あ、あれ、これってデジャブ……〟

緑川君ははっとして言い直した。

「いえ、調べて報告します」

「頼むよ」


緑川君は考えた。

このままじゃ夢の通りになってしまう。

どうするか、1時間半前に出るか。

そういえば以前確か同じ失敗をしたことを思い出した。確か、あのとき失敗したのは「会社から空港まで電車で何分かかるかだけを計算して、会社を出る時間を決めた」からだ。その結果、ダッシュで羽田空港を走り、ハアハア言いながら寸前で飛行機に飛び乗った。


そうだ、以前に青柳君がやっていたやり方は……逆から細かく計算する方法だな。

えっと、16時に飛行機は飛んじゃうから、20分前には搭乗口に到着しなくちゃ。あと手荷物検査に並んで15分かかりそうだから、空港には最低15時25分には到着か。あ、いつも課長は取り引き先にお土産を買って行くからプラス10分、もし手荷物が混んでいたらまずいのでプラス10分ということは、15時くらいには空港に着かなきゃ。

緑川君は乗り換えアプリを使って15時羽田空港到着で検索した。

「そうか……14時20分の電車に乗らなきゃならないのか」

緑川君は課長のもとに行きこう言った。

「課長14時過ぎには会社を出なきゃいけません。ですからいつもの定例ミーティングですが、いつもより30分早く開始してはどうでしょう」

課長はうなずきながら返事した。

「そうか……わかった。君の言う通り30分前に会議を開始するから連絡頼めるか」

「はい、わかりました」

そう言って緑川君は小さくガッツポーズを取った。

「積み上げ式」と「逆算式」——計画づくり二つの方法

「まず、これをして。次にあれをして……」

あなたはこのような計画の組み方をしていないでしょうか？

私たちは常に過去からいま、いまから未来へと進んでいるので、計画もその流れで組み立てがちです。

しかし、この計画の立て方には大きな落とし穴があります。

その理由を説明する前に二つの計画の立て方についてお話しします。

先ほど紹介したような、やることを時系列に積み上げていく方法を「**積み上げ式**」といいます。

そしてもう一つが、ゴールから逆算して計画を立てる「**逆算式**」、または「**到達点式**」という計画の立て方です。

積み上げ式とは**やるべきことを積み上げていく計画の立て方**です。

例えば出社して、まずメールチェックし、書類を片づけ、打ち合わせに参加し、経費精算をする……、など仕事を積み重ねて終わった仕事にチェックをつけていく進め方です。

私たちはこの積み上げ式を、計画を立てることと無意識に思い込んでいますが、このやり方を実際にやっている方の多くは定刻に仕事を終えることができません。

インバスケットの試験会場でもこの光景をよく見ます。

テストを受ける際に、まず内容を確認し、それから優先順位をつけて回答を書き始めます。やるべきことを積み上げていくというこの進め方をしている受験者の多くが途中で試験時間終了となるのです。

これが積み上げ式の計画が陥る落とし穴なのです。

さらに落とし穴があります。それは仕事の形骸化です。

積み上げ方式だと、やらなければならないと考えている仕事を積み上げていきますので、本来はやらなくてもいい仕事まで「いつもやっているからやるべきこと」ととらえられて計画に組み込まれます。
これが進みますと仕事がルーチン業務化して、新しい仕事もできませんし、仕事の組み換えも難しくなってしまいます。

だからこそ段取り上手な計画の組み方として「逆算式」をお勧めします。
逆算式とは目指す目標を設定し、そこにたどり着くにはどうするべきかと考える計画の組み方です。

先ほどのインバスケットのテストで説明しましょう。8割の回答を書くという目標を決めたのであれば、8割をするのにかかる時間を第一優先と考え、確保します。60分の試験時間のうちの40分を回答記入に使うとすれば、残りの20分で、まず全体を把握します。そして、この間に解く問題、捨てる問題を選び、順番をつけていくのです。

この逆算式の計画を立てると時間のオーバーが少なくなるばかりではなく、いままでやっていない仕事の仕方に挑戦したり、工夫をすることになります。「どうすればこの仕事がもっと早く終わるのか」をたえず考えるからです。

逆算式の計画の一番のメリットは「余裕」が生まれることです。積み上げ式だと時間が押すとすべてが押されますが、逆算式だとあらかじめ余裕を組み込んでいくことができるからです。

「さあ、何からしようか」と考える日は今日で終わり。
「今日のゴールはなんだ」と考える逆算式発想で仕事の計画を組んでいきましょう。

結果を出す人へのステップ 23

計画は逆算して立てると余裕が生まれ、仕事の改革が進む

4-2 段取りの達人三つの視点

緑川君、視点を増やす

課長と緑川君は出張先を出て、帰途についた。

「おい、緑川。君は今回の出張、ずいぶん段取りがよくなったな」

「ありがとうございます」

緑川君は照れながらお礼を言った。


「おい、緑川、飛行機が欠航の可能性があるらしいぞ」

空港に着くなり、課長が曇った顔で言った。

「ええっ、そんな。今日中に帰らないと明日のプレゼンに間に合わないですよ」

「ウーム困ったな」

「課長、どうにかしてください……いや、課長任せてください」

「う、うん？　何か考えがあるのか」

「はい」

緑川君は考えた。

「チケットの払い戻しができるか確認しなきゃ。お金がまず大事……いや、以前同じことをして課長に叱られたな。ポイントがずれているって」

緑川君は腕組みをして考えた。

「そうだ、こんなときはまず全体を見て考える。そう。飛行機以外に帰る方法がないかを確認だ。そして先を読む。もし帰れない場合を考えて、ホテルの予約と明日のプレゼンに誰か代わりに行ってもらう段取りだ」

30分後課長のもとに緑川君は戻った。

「どうだ、緑川、なんとかできそうか」

「はい、在来線で新幹線の駅まで出て帰れば今日中に帰れそうです。あと飛行機の便変更はキャンセル待ちですので、あと1時間待って取れない場合は新幹線で帰りましょう。念のために明日のプレゼンの時間も2時間ずらしてもらいました」
「ほう。君はなかなかできるようになったな」

忙しいときこそ、この視点を思い出せ

段取りよく仕事を進めるには、三つの視点を持ち、物事を見ることが必要です。三つの視点とは「全体を見る視点」「先を見通す視点」「深くまで見る視点」です。段取り上手な方は三つの視点をまるでレンズのように使い分けます。こうやって物事を多角的に見ることができ、その結果仕事がうまく進むのです。

まず一つ目の**全体を見る視点**から説明しましょう。

一部分だけ見ていては気づかないことを発見することができます。

私の会社の近くには森があります。近くから見ていると森ですが、実は航空写真で見ると鍵穴のような形の森になっています。そう、前方後円墳、古墳なのです。

このように少し引いて全体を見ると目の前の事象も異なるように見えます。

仕事では自分の部署だけのことを考えるのではなく、全社としてどうなのか、と考えると新たなリスクに気づいたり、想像しなかったアイデアが生まれます。

二つ目は**先を見通す視点**です。

いまだけのことを考えるのではなく、この先どうなるのかと予想をするのです。先を予測することで、リスクを回避したり、前もって準備するものがわかります。

先日私は東京ビッグサイトでの教育に関する展示会に行ってきました。小学生が今後どのような環境で勉強するのか、10年後くらい先の姿を見ることができます。机にはタブレットが置かれ、セキュリティーが完備された学校で学ぶ姿に驚きました。

今までのように紙で子供向け教材をつくればいいのではなく、もっと子供たちがなじみやすい動画やＶＲ（バーチャル・リアリティー）などの教材を研究しなければならないと、教材開発の可能性を考えました。

つまり先の見通しは自分がどうするべきかを考える材料になるのです。

最後は**深くまで見る視点**です。

例えばリスクが何かを追及したり、原因を分析する視点です。この視点があれば、仮説を立てて情報を集めることができます。

一見わずかな変化でも、それが重大なトラブルにつながることが仕事ではよくあります。その変化を深く探っていくことで、リスクを減らすのです。

時間に追われ、仕事に追われると、この三つの視点は見失いがちになります。

三つの視点を取り戻すためにはまず自分がどのような状態かを知ることです。

私自身も忙しいときはあえて、コーヒータイムを取ったり、窓の外を眺めるなどして、冷静になるようにしています。こうすることで別の視点を取り戻すことができるのです。

もう一つ事例をあげましょう。

業績に大きな影響を及ぼす失敗の報告を聞いたとしましょう。すぐに担当者を呼び出し叱りつけようと思ったときなども、すぐに叱るのではなく、深呼吸してからどう叱るべきかを考えます。

こうすることで感情的な指導を避けることができ、中長期的にどうするべきか、全体から見たときの影響はどうだ……など、建設的な指導ができるからです。

皆さんも視点を切り替えるために、忙しいときほど深呼吸をして、レンズを切り替えることを意識してみてください。

結果を出す人へのステップ 24

三つの視点「全体を見る目」「先を見通す目」「深くまで見る目」を持つ

4-3

根回しへの誤解

緑川君、根回しを見直す

「ねえ、緑川さん、あのお願いした件、課長に言ってくれた？」

同僚の藍川さんが話しかけた。

「あの件……ああ、課長が言っていた来月のバーベキューの件ですよね。今日の会議で提案するつもりです」

「ということは、やっぱり課長にはまだ相談していないんですか」

「ええ、まずいことありますか」

藍川さんは小声で言った。

「女性陣が全員反対しているのは事実ですけど、会議の場で突然それを言うと課長がへそを曲げるかも」

「でもダメなことはストレートに言っておいたほうがいいですよ。間違ったことを言っていないですよ」

「そりゃそうだけど……。でもね、根回しって大事なのよ」

「いや、僕はそんな卑怯《ひきょう》な男じゃないですよ、ストレート勝負です」

「私は卑怯と思わないわ。だって、余計なトラブルをお互い避けたいじゃない」

「そんなものですかね」

「ええ、だから会議前に課長に少し耳に入れておいたほうがいいと思うわよ」

緑川君はしぶしぶ課長席に行った。

「あの課長、ご相談が」

「なんだ、緑川、神妙な顔して」

「ええ、課長がおっしゃっていた来月のバーベキューの件ですが……。実は女性の皆さんの反応が……」

課長は真顔になった。

「え……あまりよくないのか……」

「ええ、このあとの会議でご提案しようと思っておりまして」

「そうか……俺がよかれと思ったのだが……いや、緑川ありがとう。では会議では提案をしてくれ、そのうえでみんなで話し合おう」

「ご理解いただき、ありがとうございます」

「ああ、会議で突然言われるとカチンとくるが、みんなの意見を尊重しよう」

「ありがとうございます」

緑川君はガッツポーズを取った。

根回し上手が仕事上手である本当のワケ

以前ある受講者に質問をされたことがあります。

「上司に対して正論を言っているのですが、受け入れてくれません」

私も以前同じような経験があったので共感はしましたが、同時に上司の方がすべて悪いのかというとそうでもないと確信していました。

おそらく、根回し不足だろうな、と思い受講者に根回しの大切さをお話ししました。

当社も月1回全体会議が行われますが、発表する幹部のほぼ全員が私に対して、発表内容を前もって相談に来てくれます。別に義務づけしているわけではありませんが、私自身はすごくいいことだと思います。なぜなら会議という限られた時間が有効活用できますし、何より、スムーズに決めるべきことが決まっていくからです。

しかし、時には会議で突然驚かされる発言があったり、中には勝手に進んでいる物事が発表されたりすることがあって戸惑います。

また、内容が正論であっても、すぐには判断できないこともあるのです。

つまり根回しとして事前に相談してくれることで、物事がスムーズに進むのです。

根回しを卑劣なことのように思っていたり、めんどくさい行動だととらえていたり、ぶっつけ本番でなんとかなると思っている方は、トラブルが発生したり、横やりが入って仕事が進まなくなることが多くなってしまいます。
根回しをすることで、無駄なトラブルをあらかじめ回避することができ、仕事が進みやすくなるのです。

また、根回しをすることは、相手への配慮や思いやりの行動ともいえます。
あらかじめ相手へ情報を共有しておくだけで、相手も心構えができますし、相談や報告をもらえると、考える時間もできます。
だから、会議で突然報告されるよりも、「このようなことを報告する」と前もって言っておくことで、お互いが気持ちよく仕事を進めることができるのです。

根回しは自分のためだけに行う行動ではなく、相手への衝撃緩和剤ととらえておくことが大事なのです。

結果を出す人へのステップ 25

根回しは自分のためだけにするのではなく、むしろ相手への配慮として行う

4-
4 キーパーソンを探せ

緑川君、根回しに失敗する

緑川君は課長から逆に相談された。

「緑川、確かにバーベキューはこの時期寒いから無理だろうが、部署の親睦は深めたい。屋内でジンギスカンパーティーならどうだ」

「いいですね。それなら女性陣も大歓迎だと思いますよ」

「そうか、できれば君から女性陣に根回しをしておいてくれないか」

「わかりました。任せてください」

緑川君は張り切って根回しを始めた。

まず目の前にいた大槻さんから説得を始めた。

「え……ジンギスカン……ですか」

「ええ、屋内ですし、ジンギスカンおいしいですよ」

「でも……においが服に……」

「大丈夫ですよ。衣類のにおい消し持っていくから。ね、お願い。今回限りということで」

「……わかりました。でもみんながどう言うか。私は大丈夫だと思いますが」

「ありがとう。助かるよ」

緑川君は頑張って説得を続けて女性6名中4人を説得した。

そして会議に入ったが……。


「課長。私たち今回の席は全員欠席させていただきます」

そう言ったのは錦織さんだった。

課長は戸惑いを隠せない。緑川君も説得した4名を見つめた。

4名も言いにくそうにこう言った。

「やはり……においがね……」

「そうよね」

緑川君は悟った。

そういえば錦織さんは女性の声をいつも代表して発言する人だ……。先にあの人を説得するべきだったのだと。

根回しで押さえるべき〝大事な2割〟は誰だ？

根回しをする際に大事なのは、どこにポイントを置いて根回しをするかです。

特に「誰に根回しをするか」は大事です。

すべての方に根回しをして理解してもらうことが理想ですが、実際は時間やパワーの関係上限界があります。ですからキーパーソンを特定するという行動が必要になるわけです。

極論をいえば、2割のキーパーソンを押さえることで、ほぼ根回しは成功するわけです。

例えば、会議でいつも発言力がある人だったり、その人の一声で会議の流れが変わるなど影響力を持つ方が一般的にキーパーソンです。

私も取引先に行ったときに、誰がキーパーソンかを特定するくせをつけています。そのキーパーソンを見誤ると、最後に商談がうまくいかなくなるからです。

気をつけるべきなのは、「キーパーソン＝上位職者」ではないということです。肩書があっても実際に判断をしたりするのは現場の人だということもありますし、役職者を陰で操っている影響力者もいます。

ダイエー時代に家具売り場で働いていたことがあります。このときにも、いろんな質問をしてくるのは旦那さんであっても、実は判断するのは黙って聞いている奥さんであることが多いので、常に奥様を意識して説明をしました。

このようにキーパーソンを見極め、そのキーパーソンにうまく根回しをすることが大切です。

結果を出す人へのステップ26

根回しをする際にはキーパーソンを探すことが大事

このように誰がキーパーソンかを特定することはとても大事なのです。

根回しにおいてキーパーソンを見極める際に「影響力者」であること以外に「利害関係者」ということも意識する必要があります。利害関係者とは、その判断や対策を進めるうえで、利害が発生する人のことをいいます。

例えば、職場にある観葉植物が枯れかけているので処分しようと考えたとしましょう。

その判断が正しいとしても、なんらかの理由で観葉植物を処分することで気分を害する方や、それに反対する人などがいるかもしれません。勝手にレイアウトを変えられることにさえ腹立たしく思う人もいるかもしれないのです。

このように利害が生じる人を見極めることで、その人もキーパーソンになりえるのです。

4-
5
50％しか伝わらない法則

緑川君、段取りに悩む

「では第1回、社内チャリティープロジェクトの会議を開きます」

緑川君は6名の会議参加者に宣言した。

「では、役割の確認です」

緑川君は立て板に水のように話した。

そして資料を配布した。

「事前にお願いしてある内容ですが、一応確認を……」

そのときに先輩である岡田さんが異議を唱えた。

「おい、ちょっと待て。俺はリーダーという役割だと聞いたけど、どうしてこの資料ではサブリーダーになっているんだ」

「え……あ、お話した通り、運営部分のリーダーということで、あくまで全体のリーダーというわけでは……」

続いて藍川さんも質問した。

「あの緑川さん。私、売り上げの集計係と聞いていたけど、ここにはレジ係が私と書いていますけど」

「そうそう、売り上げの管理イコール、すべてのお金のやり取りは藍川さんにと」

藍川さんは困った顔をして言った。

「そういうことなんですね……」

メンバー全員が困惑の表情で「聞いた話と違う」と言いだし、会議は混乱し始めた。

緑川君は汗だくで言った。

「すいません。一度整理したいので、会議はいったん中止とさせてください」

メンバーはぞろぞろと会議室を去った。

「どうしてこうなるのだろう」

緑川君は頭を抱えた。

伝わり率を上げる三つのポイント

根回しをしたり、準備をお願いしたりしてうまくいかないのは、相手にあなたの意思が伝わっていないのが原因です。

この伝えるというプロセスがうまくいかないケースの多くが、受け手側ではなく発信者側に改善点があります。

私たちは自分の意思を相手に伝えて生活や仕事をしています。なので伝え方を工夫するだけで、私たちもそして周りの方もハッピーになれる可能性が高くなるわけです。

では確実な伝え方はどのようなものなのでしょうか？

それはまず、**完全に伝えたと思わない**ことから始まります。

私たちは自分の思ったことを伝えると、相手も同じように理解してくれていると思います。しかしこれは願望が錯覚化しているのです。

あなたも何かを伝えたあとに「きっと伝わった」とか、「理解してくれているはず」と思いませんか。ここを少し変えるだけで伝わり率が上がります。

「半分しか伝わっていない」と思うだけで伝わり率は急上昇します。

つまり**「伝えた」と「伝わる」はまったく異なる**ということを前提に持つべきなのです。

私は自分の言ったことの約半分しか伝わらないと思っています。

これは私が講師として受講者に伝えたことを、あとで提出したレポートを見ると約半分しか伝わっていないことから「伝わり率50％の法則」と呼んでいます。

実際に部下に指示したことをもう一度確認すると、微妙ですがニュアンスが異なっていたり、意味を取り違えていることがよくあります。

職場で起きるトラブルの多くもこの伝達ミスが起因となってます。

おそらくあなた自身も「聞いた」「聞いてない」というトラブルに一度は遭遇したのではないでしょうか？

伝わり率を上げるには三つのポイントがあります。

まず一つは**確認する**ことです。

言ったことが伝わったかどうかを確認するだけで、伝達ミスが発見でき修正ができます。

例えば誰かにお願いしたとしたら、それがどう伝わっているか確認するという習慣を持ちましょう。すぐに確認するのを躊躇《ちゅうちょ》するのであれば途中経過の確認をするといいでしょう。

二つ目は**伝え方を変える**という方法です。

言葉だけで伝えていたのなら、絵で表現しながら伝えると伝わりやすさは上がります。また、メールをしたあとで電話で確認するなどのいくつかの伝達方法をミックスすると伝わりやすくなります。

三つ目は**定量的に伝える**ことです。

情報には定性的な情報と、定量的な情報の二つがあります。

定性的とは人によってとらえ方が異なる情報をいいます。例えば「なるべく早く」という言葉は人によって「10分以内」とも「1時間以内」ともとらえられます。つまり伝わりにくい伝え方なのです。

逆に定量的な伝え方とは、誰もが一定の尺度でとらえることのできる情報を用いた伝え方です。先ほどの例でいえば、「15時までにお願い」と伝えると、相手も15時までにととらえることができて、伝わる正確度が高まるのです。

伝えるのではなく伝わることが大事であると考えると、伝え方を変えるべきであり、伝え方を変えるとさらに段取りがうまく進むわけです。

結果を出す人へのステップ 27

確実に伝えるには伝え方を変えてみる

第5章

段取りで未来をつくる

——やりたいことを実現していく秘訣

5-1 〝究極の段取り〟はこれだ！

緑川君の憂鬱《ゆううつ》

「はあ」

緑川君のため息を聞いた藍川さんが声をかける。

「どうしたの」

「いや、困ったことになってね。今度の企画会議で提案しようと思っていた内容だけどダメになりそうなんだ」

「あ、半期の売り込み強化商品の設定の件ですよね？　どうしてダメなんですか」

「いやね、僕は製品Bを課長に提案していこうと思っていたけど、実は青柳君が別の提案を出すらしくて」

「そんなにすごい提案なの？」

「内容は知らないけど、どうやら製品Aを推薦するらしい」

「でも、緑川さんは製品Bを以前から強化商品にするべきだって言っていましたよね」

「まあ、そうなんだけどね。でも、青柳君が言っていることももっともだと……」

藍川さんはキッと緑川君を睨《にら》んで言った。

「緑川さん、いつまで青柳さんに巻き込まれているんですか。私だったら、製品Bを強化商品にしなきゃいけないという流れをつくりますよ」

「流れをつくる？　いやあ、無理だよ。どうせあいつの思い通りになるのだから」

「そんなことないわ。流れを変えるように段取りすればいいのよ」

「流れを変える段取り？」

やりたいことを成し遂げる〝流れ〟のつくり方

よく流れには逆らえないといいます。

私もその通りだと思います。世の中の流れに乗らなければ、いかに素晴らしい製品やサービスであっても売れませんし、以前は大丈夫だった発言が世の中の変化によって、いまはＮＧということも多々あります。

仕事においても流れを読むことは当然大事ですが、究極の段取りは、自分の夢ややりたいことが叶うように流れをつくることです。

優先順位設定をしっかりしても、仕組みをつくっても、それが自分のやりたいことでなければそれは楽しくない仕事だと私は考えています。

自分に流れなんかつくれないと思われる方もいるでしょう。私もそのうちの一人でした。

前職のスーパーでは、現場は本社の指示を確実にこなすことを求められていました。

しかし、そのうちに私は本社の指示に戸惑ったり、不信感を持ち始めました。お客様の求める商品を売るのではなく、バイヤーの都合のいい商品を売っているような気になったからです。

そこで、タイミングを見計らって自分の思う企画を成功させました。

あるとき、上層部から「地場商品」と呼ばれるその地域だけで圧倒的な支持を得ている商品に力を入れるようにと通達が出たのです。

私はその機会に、いままで溜めていたお客様のニーズ票やレジから上がってくるデータをまとめて商品部に要望を出して、ある商品を仕入れました。それは「塩昆布」です。私が担当していた地域は古くから昆布工場があり、その影響で塩昆布がほかの地域よりもよく売れていたのです。

その地元の塩昆布を仕入れて販売したことで大きな売り上げができました。

この結果を会議で報告すると、全店に地場商品の拡販が徹底されるとともに、お店からの要望が本部に通りやすくなったのです。

「塩昆布」の成功が会議で水平展開され、全社に広がったときは、広い湖に一石投げ入れたような気持ちよさを感じたものです。
このときに自分にも流れを変えることができると感じました。

仕事とは自分のやりたいことを実現させる場です。そのためには流れをつくらなければなりません。逆にいえば自分のやりたいことをやるための流れは時間をかけて溝を掘り、開通させるタイミングを待つような状態です。

何度もいいますが、究極の段取りは自分の夢ややりたいことを叶える流れをつくることです。確かに組織にいる以上、会社の流れを変えるのは難しいことかもしれません。しかし、難しいが不可能ではありません。流れを変えるには現状の流れに問題点を見つけ、それに対して行動を起こすことです。

ただ闇雲に行動をするわけではなく、流れをつくるには、三つポイントがあります。

まず、**影響力を持つ**こと。

インフルエンサーと呼ばれる方が発信した情報が世の中の流れに大きな影響を与えます。仕事もこれと似ています。少しでも高い立場につき、自身が動かせる人の数や予算の額を増やすことが、自分自身の流れをつくる要素の一つになります。

もう一つは**大きな方向性を決める場に同席する**ことです。いわゆる戦略や方針を立てる際には必ず出席し、自分の意見を積極的に発言します。

もちろん、周りを巻き込むためにはその根拠やプレゼン力なども必要です。

最後は**ルールをつくる立場になる**こと。

私たち日本人が弱いのは、契約書や決まったルールには従わなくてはいけないと感じ、相手がつくった契約書やルールのうえでビジネスをしてしまいます。しかし海外ではそうではありません。ルールや契約に関して自分の主張をし、自分に有利なようにつくり替えようとする行動は当たり前と取られています。

それはルールや契約はつくったほうに分があるようにつくられているからです。つまり、元締めは損をしないということになるのです。

ですから、ルールや契約などはつくる側に回り、戦う土台を自分のやりやすいように変えることがルールメイキングと呼ばれ、私たちも流れをつくるにはこの思考が必要になります。

究極の段取りは自分のやりたいことを成し遂げる流れをつくることです。決してあきらめず、自分の流れをつくりましょう。

今回の緑川君のケースで、B商品を売りたいという流れをつくるためには、三つの段取りが必要です。

まず**問題定義**が必要です。問題定義とは、みんなが解決しなければならないと考えるその悩みを確認することです。

例えば、このままではライバル社にシェアを奪われる、などとみんなが受け入れる問題を提案するイメージです。

「じゃあ解決しなければならないね」という流れを先につくることでB商品の提案が受け入れられやすくなるわけです

次には**大儀名分**を得ることです。

B商品を売ることで○○を得ることができる、という論理的な理由です。

例えば、ライバル企業に比べて優位な立場を得ることができるとか、会社の利益に対して貢献できるなど誰もが納得する理由を立てることです。

最後に**キーパーソンの同意**を事前に得ておくことです。

先に述べた地場商品の展開も、結構な時間をかけて商品部や各店の店長に根回しをして味方をつくっておきました。

結果を出す人へのステップ
28

夢や自分のやりたいことが叶う流れをつくる

いくら正論であっても、主張は通らないことがほとんどです。だからこそ、自分のやりたいことを実現する流れをつくっていく必要があるのです。

5-2 チェックリストは必須アイテム

緑川君、プレゼンに成功する

商談の帰り、課長は満足そうに緑川君に言った。

「今日は完璧だったな。よくやった、緑川」

「えへへ、ありがとうございます」

「前回は、資料の部数が足らずに叱りつけたが、今回は本当に完璧だった」

緑川君はスマホを取り出した。

「実はこのアプリを使っているんですよ」

そう言って課長に見せた。

「なんだこれ」

「チェックリスト・アプリです」

「ほう、そんなものがあるのか……何なに、書類の枚数確認……並びの順番確認……人数分あるか確認……」

「ええ、この通りやると間違いが防げます」

「なるほど、こいつは便利だな。わしも使おうかな」

「わかりました。えーと」

緑川君は自慢げに自分のスマホを課長に見せた。

チェックリストの効果的な使い方

チェックリストは段取り上手には必須のツールです。

たかがチェックリストかと思われる方もいますが、実はやりたいことをやり遂げたいと思うのであれば、まずマイナスになる部分をなくすべきです。つまり失敗やミスを少なくすることが、やりたいことができる未来をつくるのです。

だからチェックリストは必須アイテムなのです。


チェックリストにはやるべき項目が細かく書いており、その項目をやり終わったときにチェックを入れていきます。

私自身講演の前には手帳に記したチェックリストを利用します。

パソコンとプロジェクターの接続などから、ホワイトボードマーカーのインクがきちんと出るかまで。また、出席者のリストを確認することも欠かせません。

実は、これらは過去私が失敗したことがそのままリストになっています。同じ失敗をしないようにリスト化して確認しているのです。


よくチェックリストを使うと考えなくなるので使わないという声を聞きます。

しかし、人間はミスをする動物です。

特に私のチェックリストにある項目は、一度犯したミスであり、見落としやすい事柄の可能性が高いので再発性は高いと思われます。ですから、このようにリスト化し、チェックしてミスを防ぐのは有効な方法です。

またチェックリストを使ってチェックし終わると安心感が生まれます。

「よし完璧だ」という状態で講演をスタートしたいので、チェックリストには精神的な支えの側面もあります。

ただし、依存しすぎるのもリスクになります。

例えばチェックリストをつくることが目的になると、無駄なリストばかりが増えて結局使われなくなります。

また、チェックリストでリスト化された項目はミス率が減りますが、リストが用意されている分、掲載されていない項目は見逃しがちになります。

例えば「出張の持ち物チェックリスト」をつくってはいても、季節が変わればそのリストに載っているもの以外の準備が必要となるかもしれません。

チェックリストはあくまで同じようなミスを起こさないためのツールの一つであり、完全なものではありません。

またダブルチェックも欠かせません。チェックリストをつくっても、チェック漏れが起きることがあるからです。

ダブルチェックをする際に気をつけなければならないのは、同じ方法でチェックをしないということです。同じ人が同じ方法でチェックをしても、同じことを繰り返す確率が高いものです。

落とし物をしたとしましょう。歩いてきたルートに沿って探してみたが見つからない場合は、逆に歩いてみるのが得策です。同じ方向で歩いて探しても同じ視点なので見つかりにくいですが、別の方向から歩くと視点が変わるからです。

このようにダブルチェックは違った角度からするように心がけましょう。

チェクリストを使ってミスを未然に防ぐのは当たり前、段取りの達人は使い方が違うのです。だから洗練された仕事ができるのです。

結果を出す人へのステップ29

ミスは誰にでも起きるという前提でチェックリストを使う

5-3 失敗辞典をつくろう

緑川君、青柳君の秘密を知る

緑川君は青柳君と焼き鳥を食べている。

青柳君が誘ってきたのだ。

「どうしたの。珍しいね、青柳君が誘ってくれるなんて」

「実はね。今日、大失敗したんだよ」

「ええっ。君が？　珍しいね。どんな失敗をしたんだい」

青柳君は今日の失敗を緑川君に話した。

「えっと、その失敗って、確か３カ月ほど前にも同じ失敗をしたよね」

緑川君の指摘に青柳君はうなだれながら返事をした。

「ああ、だから余計落ち込んでしまうんだよ。どうしてこんなことを繰り返してしまったのか」

緑川君は青柳君の肩を叩きながら言った。

「いい方法教えてあげるよ。ほらこれ」

そう言ってカバンの中からノートを取り出した。

「なんだいこれは？」

「失敗ノートさ」

青柳君は目を丸くして緑川君に聞き返す。

「失敗ノート？」

「ああ、いままでした失敗をノートに書いているんだよ」

「へえ、すごい量だね」

「ああ、失敗の数だけは誰にも負けないよ」

緑川君はどや顔をして言った。

「どんな効果があるんだい」

「まず読み返すことで過去の失敗から学んだことを思い出すんだ。そして自分がどんな失敗をしやすいかを知っておくと失敗の数が劇的に減るんだよ」
青柳君は緑川君の手を握って真顔で言った。
「頼む、緑川君、そのノートの書き方を教えてほしい」

過去の失敗から学び、繰り返さない方法

私たちは成功するためにはどうすればうまくいくかに興味が集中し、成功事例から多くのことを学ぼうとします。

また、失敗した直後は反省をして、そこからの教訓を学ぼうとしますが、一方ですぐに失敗したことを忘れようとしたり、学んだことを実行しないなど、また同じ失敗を繰り返してしまう傾向があります。

失敗は成功のもと、といいますが、このような学び方をしていると失敗は失敗のもととなり、致命的な失敗をしてしまいます。

ですから成功から学ぶよりも、失敗から学ぶことが「仕事のサラダ」を実践する秘訣なのです。さらにいうと、自分自身が失敗した経験から学んだことがその人の成長に一番影響力を持つわけです。

そこで失敗辞典をつくりましょう。過去の失敗を記録し蓄積するのです。

私も失敗辞典をつくっていまも活用していますが、学ぶことが多いですし、大いに役立っています。

書き方ですが、大きく４つの項目にします。

まず**事象**です。ここは主観を交えず起きた事実を書きます。例えば、「商談で取引先に渡した提案書の宛名が、別の会社名になっていた」などと事実だけを書きます。

そして次に**原因**を書きます。

「前回使った提案書をそのまま流用し、社名の修正を忘れていた」

原因は明確に究明されなくてもＯＫです。その時点で考えられる原因を予測でもいいので書きます。原因が明らかになったら追加で記入すればいいのです。

次に**起きえたリスク**を書きます。

たとえそこまで進展しなかったとしても、起きえた最悪のケースを想定して書きます。

「他社の内部情報が漏洩することで、甚大な信用失墜の可能性」

このように今回は大きな被害が出ていなかったとしても、最悪のケースを想定することが大事です。

そして**再発防止策**を書きます。

「提案書や見積書を使いまわさない」

これが教訓となり、あなた自身のミスを減らす最大の手法となります。

あとは**失敗辞典に定期的に目を通す**ことです。

これは個人だけではなく組織としても有効です。当社では新入社員や中途採用の社員の教育の一環としてプログラム化してこの資産を活用しています。

失敗は資産です。この資産を活用し、同じ失敗を繰り返さない。この資産を活用することが素晴らしい未来をつくり上げるのです。

結果を出す人へのステップ30

起きた失敗は記録してデータベース化する。

5-4 やるべき最低限を見極める

帰れない緑川君

夜10時、課長は緑川君に声をかける。

「おい、緑川、いつまで仕事しているんだ」

「はい、もう少し段取りを組んでから」

「最近、君は確かに段取りが格段によくなったが……それはなんの資料づくりだ？」

「ええ、明後日の大西観光様の打ち合わせのために準備をしています」

課長はびっくりした。

「何？　まさかこの書類すべてそうなのか」

「ええ、大西観光さんは結構いろんなことを当日聞かれるので万全にしたいわけです」

「それはわかるが、どうしてそんなにあるんだ」

「えっと、リスト化しています。まず、製品別の機能紹介を整理した書類と、来年以降の市場調査結果をアレンジ、あと中国の市場動向と日本の比較……」

「おいおい、それは本当に必要なのか」

「ええ、万が一のことを考えると必要です。あ、そうだ、あの書類もあったほうがいいな」

「必要」と「不要」の判断のコツ

素晴らしい未来をつくるためには何をするべきかを考えることは大事です。しかし、もっと大事なのは「何をしないのか」を決めることです。

段取り上手な人は最低限が何かを考えます。逆にいえば**不要な準備はしない**のです。

例えば会議の際に資料をたくさんつくり持っていくとします。しかし会議終了後に確認してみたら、その大半は使っていないとすれば、それは「無駄」となるわけです。

段取りを組むと不安が減ります。だから完全な段取りを組みたい気持ちはわかりますが、段取りも度が過ぎると逆にミスの原因になりかねないわけです。

私はよく釣りに行きますが、釣りも段取りが大事です。釣り場に行って、「あれオモリがない」ということになってしまうと魚を釣る時間がどんどん少なくなるからです。

しかし、だからといってあらゆる装備を持ちすぎると運ぶのも大変ですし、いざというときに必要なものが取り出せず、肝心な魚を釣る時間が減ってしまいます。

ですから「止めどころ」を知ることが大事なのです。

止めどころとは「**できるけれどやらないという判断**」です。この止めどころとは「最低限必要である」ともいえます。

止めどころを決める際に私は「必要」と「願望」を分けて考えています。

必要とはそれがないと実害が出るもの、願望とはあると望ましいものです。

「あったほうがいいよな」

と考えると不要なものも準備してしまい、生産性が低くなってしまいます。


このように素晴らしい未来を手に入れるには、「必要」か「願望」かを知り、何を手放すかを決めることです。

結果を出す人へのステップ 31

段取りは「必要」と「願望」を分けて組む

EPILOGUE
「20年後の緑川君」

「社長が社長になろうと思ったのはいつですか」

秘書になりたての茶白まゆが緑川君、いや、緑川社長に尋ねた。

「僕が社長になろうと思ったのはいまから15年ほど前かなあ」

アナウンスが日本への入国手続きについて説明している。

緑川社長はCAがきれいについだシャンパングラスを持ちながら言った。


「え……入社したときからだったんじゃないのですか」

「ははは、入社したときどころか、あなたと同じ年齢のころは、とにかく叱られないようにとばかり考えていたよ」

茶白は驚いた様子でさらに質問を重ねた。

「社長が叱られるなんて想像できません」

「ははは、叱られるどころか、周り全員から『いらない』と思われているダメダメ社員だったよ」

「でもいま社長をされていますよね」

「ああ、なるって約束したからね」

「約束……どなたにですか」

「父だよ」

茶白は笑顔で反応した。

「じゃあ、社長になられてさぞ喜ばれているでしょうね」

緑川社長は答えた。

「残念ながら父は私が社長になったのを知らない。15年前に亡くなったからな」

茶白は頭を下げた。

「それは……失礼しました」

「いや、いい。当時私は、このままではダメだ、と思って、思い切って会社の新規プロジェクトに社内応募してシンガポールに赴任したんだ。まあ、これが勉強になったね」

「すごい抜擢《ばってき》されたんですね」

「違う違う」

笑いながら緑川社長は言った。

「逃げ出したというのが正直かな、何をやってもうまくいかず、段取りの悪い自分が嫌になって、やけくそになっていたんだ」

茶白はうなずきながら聞いた。

「海外はね、日本と違い仕事の進め方がまったく違うんだ。赴任して3日目に日本に帰ろうと思ったくらいだね」

「でも帰らなかったんですね」

「ああ、ここで帰ると負けるという悔しさもあったけど、日本で習った段取りが結構使えてね」

「……」

「あ、知らないかな。仕事の順番を決めたり、仕組みをつくったり、根回しをしたり……」

「なんだか難しそう」

「難しいけど、これは仕事の基本なんだ。私はもともと段取りが苦手だったので考えたのが、誰よりも早くから、そして多くの時間を段取りにかけることだった。例えば、茶白さんは課長を命じられたら何を勉強するかな」

「課長をしろって言われたら……課長になるための勉強をしますかね……」

「うん、そうだと思う。でも僕は考えたんだ。それじゃ僕は間に合わない。周りにも負けてしまう。だから人より先にもっと勉強しなければならないと考えたんだ。課長になったら次は部長の勉強、部長になったら取締役の勉強っていうふうにね」

「すごいです」

茶白は興奮気味に言った。

「運のいいことに海外に赴任すると、長時間働くこともなく、プライベートの時間も十分にあったしね。あと海外赴任している他社の方が集まってる勉強会があってね。そこに集まる連中もまた超一流だったね」

「でも段取りができているだけで社長になれるって……信じられません」

「ははは、そりゃそうだ。でもね、段取りは仕事そのものなんだよ。例えば限られた時間の中で何をするかを決めること。これが意外とできていない人が多いんだね」

「私も苦手です。ついつい全部頑張ろうと思います」

「うん、私もそうだった。でも、ほんの少し考え方を変えると、仕事はサクサク進むし、仕事が楽しくなるし、さらに周りから評価される」

緑川社長は少しトーンを落として続けた。

「実は、私が社長になった理由はもう一つあってね。そのころ、父が倒れたと連絡があったんだ。急遽《きゅうきょ》一時帰国して病院に行ったんだ」

「はい」

「父は案外元気そうではっきりと意識があった。そこで父は私にこう言った」

緑川社長は少し涙目になり言った。

「『いいか、信二、トップを目指せ、社長をな』。こう言うんだよ。もともと父は板前だったから、苦労して板長になった経験からそれはいつもの口ぐせだった」

「そうなんですね。お父様は料理人だったとは知りませんでした」

「ああ、料理人だけに段取りにうるさい人でね。逆に私は段取りが下手だったので、子供のころから叱られてばかりだったよ。でも彼が言うには……」

緑川社長は一息ついて言った。

『調理場も事務所も変わりねえ、段取りができねえ奴はプロじゃない』。まあ、頑固な職人だったからね」

「社長はお父さんの後を継がなかったのですか」

「そんな父親と一緒に仕事するなんて想像できなかったね。でも、父が亡くなって母親が教えてくれたよ。実は父は僕の包丁をつくってずっと置いていたということを」

茶白は声が出なかった。

「父が亡くなったのは、私が日本からシンガポールに向かっている途中だった。仕事の段取りがうまくいかず戻ることになったんだ。あと1日いれば父を送ることができたんだけど……」

茶白は両目から涙をポロっと落とした。

「段取りって無駄を取ることで。無駄は大切なことをする時間を蝕むんだよ。私は父の最後を看取ることができないという犠牲を払ってしまった。段取りが悪い自分をこのときほど反省したことはなかったよ」

「残念です」

茶白はハンカチで目を押さえた。

「まあ、悪いことばかりじゃない。私はおそらく父のそばにいたらきっとこう言っていたと思う。『社長は無理だ。とても約束できない』と。これを言えずにいたから、きっと社長になったんだろうね」

「はは……あまり笑えません」

茶白は鼻をすすりながら笑った。

「社長になろうと思ったのはそのときだね。幸い海外で仕事をしたから、日本の段取りの組み方とレベルが違う。ついていくのが精いっぱいだった。でも勉強になったよ」

「私にはとても無理です。段取りが悪いのは自覚していますから」

緑川社長は言った。

「私も昔はそう思っていたよ。でもね、ある日、夢の中に仙人のようなおじいさんが出てきてね……」

「おじいさんが……」

「私は夢の中で当時のライバルがミスをするようにと願をかけていたら、ばかもんってね。段取りに一番大切なことを教えてくれたんだ」

茶白は笑った。

「私にも出てきてくれますかね」

「いい仕事、そして楽しく仕事がしたいと思っているときっと出てくるよ」

緑川社長はファーストクラスの白いシートに座り、沈みゆく夕日を見ながら言った。

おわりに
〝仕事の段取り〟から〝人生の段取り〟へ

私はインバスケットのトレーニングを始めたときに、初めて自分の段取りの悪さを知りました。

あと先を考えない仕事の進め方、とにかく数を減らそうとする処理の仕方、ぶっつけ本番でなんとかなるという怖いもの知らず……それらすべての気づきは「どうしたら限られた時間の中でよい仕事ができるのか」という疑問を持つことから生まれたものでした。

私たちは自分のやり方が一番いいと思って仕事や生活をしています。
でももっと欲を出していいのではないでしょうか？
もっとラクになりたい、もっとスムーズに物事を進めたい……このような欲を持って初めて段取りが上手になるからです。

我慢したり、試練だと思うよりも、我慢しなくていい生活、試練よりもゲームのように楽しめる仕事のほうが、とても明るく素晴らしい人生になると思います。

本書は段取りについて書いてきましたが、私自身はいま人生の段取りを考え始めています。

まだ50歳にもなっていないのに、もう終活かといわれてしまいそうですが、デッドラインつまり締め切りを設定すると、無限に時間があるわけではないのです。

80歳をデッドラインに設定して自分の生活をサラダ的に送るにはどうするか？

こう考えると、初めて見えてくることがあります。

50代のうちにできるだけ挑戦をし、体力が必要な海外旅行にも行っておき、後継者を育て、60歳になったら自分の好きなことに没頭したり、自分の可能性を再発掘したり……、こう考えるといまやるべきことが見えてくるのです。

つまり段取りを考えて人生を送ることで、自分の人生がデザインできて、理想の生き方ができるのではないかと思っているわけです。

いつか人生の段取り術のような本を皆さんにお届けできればいいですね。

さて、本書もそろそろ筆を置くころがやってきたようです。

最後になりますが、本書を企画、編集いただいた大和出版と関係者の皆さんに謝辞を申し上げるとともに、最後までお読みいただきましたあなたにお礼を申し上げます。

ありがとうございました。

ぜひ、頑張らないように頑張ってください。

株式会社インバスケット研究所
代表取締役　鳥原隆志

トップ1%が大切にしている仕事の超キホン

一生使《いっしょうつか》える「段取《だんど》り」の教科書《きょうかしょ》

2019年 6月30日　初版発行

著　者……鳥原隆志《とりはらたかし》
発行者……大和謙二
発行所……株式会社大和出版
東京都文京区音羽1-26-11　〒112-0013
電話　営業部03-5978-8121／編集部03-5978-8131
http://www.daiwashuppan.com
印刷所……誠宏印刷株式会社
製本所……ナショナル製本協同組合

ISBN978-4-8047-1853-8